U0720912

2011—2020年國家古籍整理出版規劃項目

國家古籍整理出版專項經費資助項目

四書遇

（明）張岱 著
胡益民 點校

胡益民 主編

鳳凰出版社

圖書在版編目（CIP）數據

四書遇 / (明) 張岱著 ; 胡益民點校. -- 南京 : 鳳凰出版社, 2022.9
（張岱全集 / 胡益民主編）
ISBN 978-7-5506-3737-5

Ⅰ. ①四… Ⅱ. ①張… ②胡… Ⅲ. ①儒家②四書-研究 Ⅳ. ①B222.15

中國版本圖書館CIP數據核字(2022)第161207號

書　　名　四書遇
著 作 者　(明)張岱 著　胡益民 點校
責任編輯　林日波　李　霏
裝幀設計　陳貴子
出版發行　鳳凰出版社(原江蘇古籍出版社)
　　　　　發行部電話025-83223462
出版社地址　江蘇省南京市中央路165號,郵編:210009
照　　排　江蘇鳳凰製版有限公司
印　　刷　江蘇鳳凰新華印務集團有限公司
　　　　　中國江蘇南京經濟技術開發區堯新大道399號,郵編:210038
開　　本　880毫米×1230毫米　1/32
印　　張　14.125
字　　數　247千字
版　　次　2022年9月第1版
印　　次　2022年9月第1次印刷
標準書號　ISBN 978-7-5506-3737-5
定　　價　178.00圓
(本書凡印裝錯誤可向承印廠調换,電話:025-68037411)

整理説明

《四書遇》是明末清初著名史學家、文學家張岱解讀「四書」的語録體著作。

張岱，一名維城，字宗子、天孫、石公，號陶庵、蝶庵、會稽外史、六休居士，浙江山陰（今紹興）人。祖籍四川綿竹，因題署「蜀人」「古劍」。生於明萬曆二十五年（一五九七），卒年不詳，據諸家考證當在康熙十九年（一六八〇）冬至二十八年（一六八九）間。

張岱出生於紹興城内狀元坊一個通世顯宦之家。狀元坊爲張家祖宅，據《紹興府志》記載，張岱的十五世祖張遠遒任紹興太守時，就舉家遷居狀元坊。其高祖天複、曾祖元忭、祖父汝霖皆舉進士，曾祖元忭隆慶五年（一五七一）狀元及第，是陽明學派思想家。祖父張汝霖萬曆二十三年（一五九五）中進士，曾任廣西參議，父親張耀芳晚年任山東兖州魯王府右長史，是魯獻王親信。張岱作爲家中長子，憑藉祖蔭在前半生盡享繁華精奢的生活，戲謔笑駡皆成文章，自言：「少爲紈絝子弟，極愛繁華，好精舍，好美婢，好孌童，好鮮衣，好美食，好駿馬，好華燈，好煙火，好梨園，好鼓吹，好古董，好花鳥，兼以茶淫橘虐，書蠹詩魔，勞碌半生，皆成夢幻。」至崇禎十七年（一六四四）李自成進京不久，清兵南進，於順治六年（一六四九）攻陷紹興。是年張岱已家道中落，他的人生也急轉直下，目睹了許多親朋故交爲抗清慷慨赴義，面臨着人生的選擇和際遇的考驗。明亡以後，張岱披髮歸隱項里鷄頭山，直至終老。他的後半生充斥着貧困與淒涼，「年至五十，國破家亡，避迹山居，所存者破床碎幾，折鼎病琴，與殘書數帙，缺硯一方而已。布衣蔬食，常至斷炊」。然而生計之艱難絲毫没有影響他的精神世界，他始終保持着士子的堅貞氣節，將一腔飽經滄桑的故國之思訴諸簡端，筆耕不輟。張岱一生著述弘富，據其《自爲墓志銘》所載有十五種，晚年又撰有《夜航船》、《三不朽圖贊》等數種，以史學、文學名家，但著作範圍遍涉四部。

《四書遇》是張岱歷數十年之久堅持撰寫讀「四書」心得，繼而結集成書的經學著作。張岱素以「小品聖手」名世，其《陶庵夢憶》、《西湖夢尋》流傳甚廣，但這部不爲人所關注的《四書遇》反倒是他自己最看重的作品之一，「余遭亂離兩載，東奔西走，身無長物，委棄無餘。獨於此書，收之篋底，不遺隻字」，足見重視。在晚明思想文化界陽明心學逐漸取代程朱理學占據了主流地位的情形下，張岱身爲陽明後學，浸淫已久，對程朱理學及其所構建的理論體系與禮教制度持有批判態度，稱「不讀朱注。凡看經書，未嘗敢以各家注疏横貫胸中。正襟危坐，朗誦白文數十餘過，其意義忽然有省」（《四書遇·自序》）。故而，其《四書遇》全面繼承了陽明學派對「四書」義理的體悟與實踐，對以《四書章句集注》爲代表的正統理學權威著作有所衝擊，如評《大學·聖經章》時全面否定了朱熹的「格致補傳」：「細玩經文及傳，……傳分明以『知本』當『格物』，而宋儒以爲闕文，得無多此一補傳乎？」表現出張岱企圖擺脱傳統思想束縛的反叛精神。此外，《四書遇》對七略四部乃至前人關於儒道釋瑣屑之言廣徵博引，所引用的語録涉及人物衆多。尤其喜引佛家義理，儒釋互證，如《四書遇·上論·從井章》評曰：「從井救人，便是摩頂放踵學問。一念執着，自家亦無安身立命去處。」「仁者有個窮處，要尋絶處逢生法。昔有一參禪者問曰：『譬如有人口咬樹藤，兩手撒開，懸崖百丈，下面有人問曰：『如何是祖師西來意？』若應他，喪身亡命，若不答他，辜負了他來意，却是如何？』禪師答曰：『請他在未咬樹時節來問。』」諸如此類，故而近人馬浮於卷首《題記》有言「卷中時有雋語，雖未必得旨，亦自可喜」，此爲《四書遇》一大特徵。《四書遇》全面反映了張岱的經學思想，爲我們深入認識張岱乃至晚明文人的精神世界打開了一扇窗。

《四書遇》僅有稿本存世，現藏浙江圖書館，全部六册，不分卷。次序按《大學》、《中庸》、《論語》（分上論下論）、《孟子》（分上孟下孟）排列。書係白棉紙藍格，每葉八行，行二十字，端楷謄抄。上有張岱眉批及補充、修改手迹，殆未完全定稿之本。内夾《壽王白嶽八十》七古詩手稿二紙。本次整理即以此稿本爲底本，其中文字漫漶不清及訛脱衍倒導致文義難通之處，參以「四書」相關著作之通行版本，并盡力查考所涉諸家之論著加以訂補，亦有據上下文義審慎訂補者，均出校説明。稿本中張岱手書之眉批、增删與浮箋等，亦隨正文整理，并一一注明。原有夾頁《壽王白嶽八十》詩，附録於後，以備參考。

因本書點校者、《張岱全集》主編胡益民教授遽然去世，致使相應出版工作一度停頓，經鳳凰出版社編輯勉力而爲，終將付梓。限於編輯學識，本書標點、校勘疏誤在所難免，敬祈讀者、方家不吝賜教。

鳳凰出版社

二〇二二年九月

目録

四書遇

附録……四一八

自序

六經四子自有注脚而十去其五六矣，自有詮解而去其八九矣。故先輩有言：六經有解不如無解。完完全全幾句好白文，却被訓詁講章説得零星破碎，豈不重可惜哉！

余幼遵大父教，不讀朱注。凡看經書，未嘗敢以各家注疏横據胸中。正襟危坐，朗誦白文數十餘過，其意義忽然有省。間有不能强解者，無意無義，貯之胸中。或一年，或二年，或讀他書，或聽人議論，或見山川雲物，鳥獸蟲魚，觸目驚心，忽於此書有悟，取而出之，名曰《四書遇》。

蓋「遇」之云者，謂不於其家，不於其寓，直於途次之中邂逅遇之也。古人見道旁蛇鬥而悟草書，見公孫大娘舞劍器而筆法大進。蓋有以遇之也。古人精思静悟，鑽研已久，而石火電光，忽然灼露，其機神攝合，政不知從何處着想也。舉子十年攻苦，於風檐寸晷之中構成七藝，而主司以醉夢之餘忽然相投，如磁引鐵，如珀攝芻，相悦以解，直欲以全副精神注之。其所遇之奥竅，真有不可得而自解者矣。推而究之，色聲香味觸發中間，無不可遇之。一竅特留，以待深心明眼之人，邂逅相遇，遂成莫逆耳。

余遭亂離兩載，東奔西走，身無長物，委棄無餘。獨於此書，收之簏底，不遺隻字。曾記蘇長公儋耳渡海，遇颶風，舟幾覆，自謂《易解》與《論語解》未行世，雖遇險必濟。然則余書之遇知己與不遇盜賊水火，均之一遇也。遇其可遇言哉！

四書遇

山陰張岱纂

大學

聖經章

艾千子曰：對小學而言，謂之大學。今人以大學屬之成均、辟雍，謂天子之學不與庶方小侯同者，此是大學止一學宮之名耳。然則改其文曰「成均、辟雍之道，在明明德」，可乎？後學慎之。

陶文僖在經筵講《大學》，謂明明德如磨鑑，不虞昏；新民如澣衣，不虞污；止至善如赴家，不虞遠。是在於性真未鑿時，擴充善端而已。

「知止」不明，非徒錯看《大學》，竟錯過一生學問。覺人倫外尚復有道，盡倫外尚復有學，即不可謂「知止」。文王所稱「緝熙敬止」，只仁、孝、敬、慈、信，在在能止，故曰「聖人，人倫之至」。

心地功行，細若微塵，如《中庸》「形」、「著」、「明」，《大學》「定」、「靜」、「安」，都照顧得到。

格物是零星説，致知是頓段説。

格物十事，格得九事通透，一事未通透，不妨；一事只格得九分，一分不通透，不可。須窮盡到十分處。

陸景鄴曰：「格」如格子之「格」，原是方方正正，無些子不到。

既説「先」，又説「後」，不是複語。聖賢教人，如老媪教孩子數浮圖：一層層數上來，又一層層數下去。有這層，就有那層，政見得有那層，先有這層，一毫參差不得。要人把全體精神，從脚跟下做起也。

饒雙峰曰：上一節就八條目逆推工夫，後一節就八條目順推效驗。

李崆峒曰：家曰「齊」，恩斷義也，如刀切草。國曰「治」，緒而分之也，如理亂絲。天下曰「平」，因其好惡而均之也，如平道塗。斯大小遠近之義乎！

徐子卿曰：非謂本亂而末决不治，厚薄而薄决不厚。可以零説〔一〕，可以頓説，可以粗説，可以精説。吾心也是一物，若格得吾心了了，此外有何物？究竟起來，瓦甓尿溺〔二〕，孰非神理？古人聞驢擊竹，悉證妙悟，豈得於此更生隔閡？但患認朱子意差，真個於物上尋討，饒君遍識博解，胸中只得一部《爾雅》，有白首而不得入古人之學，爲可悲耳。要非可以病朱子也。

徐子卿曰：或問心是根苗，意是從心根苗裏發出，如何倒説「欲正心者，先誠其意」？余云：穀子也從苗上發生的，布種時都是從穀子漉洗。若不會得，則言根言葉，總是糟粕一般。細玩經文及傳，此「物」字分明與上「物有本末」照應；「格」是格個本耳，故傳曰「此謂知本，此謂知之至也」。傳分明以「知本」當「格物」，而宋儒以爲闕文，得無多此一補傳乎？「物格」、「知至」，是一件事，故獨曰「在」。

格物是夢覺關，誠意是人鬼關，過得此二關，上面工夫，一節易如一節了。至治國平天下，地步愈闊，但須從移步换影之處，劈肌分理，非寂寞苦空人，誰能解得？

〔一〕可以，原闕，據沈守正《四書説叢》補。
〔二〕甓，原作「劈」，據沈守正《四書説叢》改。

艾千子曰：「安」字不宜浮講虚幻，只明德新民止至善，無疑畏，無杌棿而已。《書》言「安止」，未有不自幾康者。

徐子卿曰：「慮」字是條理精詳，思路暢達。正明德自然真體，不是臨時撮湊。比如一事到手，若慌慌張張做過了，少不得破綻全露；若到得恰好田地，雖是偶然泛應，便竭盡思慮，無以復加。這惟從容中道者，纔有若個光景。是名爲「慮」。

董日鑄曰：「誠意」之功，非難非易。看得太易，恐認情識作本體，是梟愛子〔一〕；看得太難，恐祛情識尋本體，是提燈覓火。此皆有志於「誠意」而卒失之。所以先之以「致知」。知徹之後，如淘沙得寶，粒粒成真，且有不誠而不可得者矣。

「格物」二字，先儒於此，幾成聚訟。朱子「今日格一物，明日格一物」，也只是對初學人立下手工夫。其實可以也那末處，任治原不中用；薄處任厚，只是厚不得耳。《吕覽·月令》曾無秕政，山公吏部何憂失人，究竟濟事不濟事？

〔一〕梟，原作「梟」，據董懋策《日鑄》《大學大意》改。

康誥章

《康誥》直指其體，《伊訓》更推其原，《帝典》則極言其量之大。蓋本乎心，原於天，包乎四表，上下明德也，而新民至善已寓矣。帝王明德，燈若相續，薪則各燃。自性，自反，自認，自惺，不由授受，故曰「皆自明也」。

湯霍林曰：此章不是解「明德」，是解「大人之學，在明明德」。堯、湯、文都是古來大人，德一也。禀諸性曰「德」，賦諸天曰「命」，指其虛靈曰「明」，形其高大曰「峻」，總之只是明德。「自」字，善發者多矣，却盡粘住堯、湯、文王，不知此特借三聖標個樣子。前乎千古之天子庶人，後乎千古之天子庶人，榜樣皆如此。

盤銘章

今人看「日新」，如數今日、明日、後日，於「苟」字不着精神，下文幾成贅語。語氣猶云「倘不日新則已」。苟日新，必須日日新，又日新。下二語正完得個「日新」，「苟」字綫索纔提得起。「作新民」，「作」字甚有連屬，從我而作也。鼓者一倦，舞者罷矣。

服事無改於舊，眷顧已錫乎新。新命只從文德緝熙中看出，非革命之説也。得之。

夏九範曰：新新不已，便是極處。

邦畿章

《詩》用「止」字，猶《楚詞》用「些」字，語助耳。傳引之以釋「止至善」，遂重言「止」矣。非謂敬以止於至善，政於敬止，想見其至善耳。

文王止孝、止敬，夫子未能事父事君，止原無止。望道未見，仍是未能，此千聖合同心法。

「君子」，朱注明説是「後賢後王」，近日都屬之宗室，不是。「賢其賢」，是異姓諸王也；「親其親」，是同姓諸王也。「君子」句的屬封建；「小人」句的屬井田。樂樂利利，讀《豳風》諸詩可見。

聽訟章

問「知本」如何？將「聽訟」來説，豈先「新民」而後「知本」乎？非也。此是粘出一段話頭，令人默想宗本。且如「無情」之人，不畏法，不畏議，如何使得「大畏」，「不得盡其詞」？此處正是「東邊日出西邊雨，説道無情又有情」。參破此地，自透宗本，千蹊萬徑，攝歸一處，何物礙心？此謂物格，此謂知之至也。

《大學》中頗多錯簡。《禮記》蔡氏所定傳文，所謂致知在格物，在物有本末，事有終始，知所先後，則近道矣。「知止而後有定，定而後能靜，靜而後能安，安而後能慮，慮而後能得。」「子曰：『聽訟，吾猶人也，必也使無訟乎！』無情者不得盡其辭。大畏民志，此謂知本。此謂知之至也。」二語不作衍文。《聖經章》以「古之欲明明德」直接在「止於至善」之下，直接痛快，不必更爲補傳。〔一〕

司寇之職，以五聲聽獄訟，求民情。一曰辭聽，出言不直則煩。二曰色聽，面貌不直則赧。三曰氣聽，氣息不直則喘。四曰耳聽，聽聞不直則惑。五曰目聽，眸子不直則眊。

《周易·訟卦》有「作事謀始」之戒，删書録《吕刑》而原其惻怛迷連婉惜民命之心。「無訟」云者，蓋有「本」也。夫子於聽訟之中，實實見出「本」來。

張侗初曰：「大畏民志」，格物也。「此謂知本」，「物有本末」之「本」也。物格而後知至矣，

〔一〕此段原寫於天頭。

故曰「此謂知本，此謂知之至也」。此正是釋格物致知，直捷痛快，不須蛇足。

朱子以此傳爲「釋本末」，尚少一「釋終始」傳。

虞、芮之君謂：「吾所争，周人所恥。」豈不「大畏」？

「以其昏昏，使人昭昭」，人知求之民而已，抑末也。聖人知其所以使者固應在我，此謂「知本」。

誠意章

意者，心之動。其實心無離意之時，雖默坐眠夢都有覺在。所以説善澄水者，去垢不去波；善正心者，去妄不去意。

先儒訓誠以實，似也；不若《中庸》解「誠者，自成也」，有見成「天不容僞」之意。即如《易》言無妄而行有眚者，正爲於見成處不合也。知此訓者，於「誠意」思過半矣。

章中「慎獨」即「毋自欺」，「毋自欺」即是「自慊」，「自慊」即是「誠意」。不可以「慎獨」爲「誠意」下手工夫。如此，是於八條目外，又生一目矣。

若看做人之視之，又寬一走矣。最妙是本文一「己」字，乃小人自家肚裏瞞不過。吹毛求疵，洗垢索瘢，何與人事？

無所不至？良心漸滅殆盡了。一見君子，忽然爆露，掩不善著善，儼然是惡惡臭、好好色的真光景。當下回頭，就可立地成佛。正如石沉海底，火性千年不滅；斧聲錚然，一觸便現，照天耀地，也只是這點。

張元岵曰：石沉海底，火性不滅，一撲便見，一現便能燎原。「厭然」之性正是佛性。儒門十目十手，佛家千手千眼，所謂「獨」也。

「此之謂自謙」，《易・象》曰：「謙，君子以稱物平施。」蓋好惡得平，非徒好爲遜下而已。

徐子卿曰：或問「自慊」，余云：好生於色，惡生於臭。却又道不是色，不是臭，止是自慊。所以意未觸時，本實員滿在。若説見好色方好之盡，惡臭方惡之盡〔二〕，又是從用處模擬，不着根苗，即於「意」字了無干涉。

〔二〕「惡臭」前疑闕一字。

正心章〔一〕

「正」字即《中庸》「中」字。喜怒哀樂，發而中節，如風過樹，如月行空，依然還得個無體。朱子曰：四者須從無處發出，不是寂寂的無，只是無過去、未來、見在之累，就使有而不有。最精。

人心原來至静，亦至動，如鏡子隨照隨滅，故常照。若終日有個影子在鏡上，便對面不受照矣。聖人之心惟無在，故無不在；常人之心有所在，故有不在。

「正」字、「誠」字，亦有用力、不用力之别。如物懸空，有礙則歪。正者，去其礙而已，不必更去把持着。

齊家章

《大學》言「齊家」，皆於不齊中求齊。若截然一樣，美醜不分，漫説聾啞爲家公，非聖人之

〔一〕「正心章」三字原無，據正文補。

旨。如佛言山河大地，應作山河大地觀，是謂平等。

此謂身不修，不可以齊其家。齊其家與家不齊有別：家不齊，便落身一層；齊其家，便是身裏面事。

徐子卿曰：且緣「辟」，所以好惡盡差，把一家之内，紛如亂絲。故諺節，分明是個家不齊的影子。詳味下面「此謂身不修，不可以齊其家」兩句，與别處不同，意義自見。

治國章

閉户造車，出門合轍，可想「不出家」之妙。

「成教」最難言之而成文，行之而可遠。常想家居欲有所示子侄，令童僕顧己所未至，不覺口中愧縮，以知「成教」在教所不露處。

張受先曰：「事君」、「事長」、「使衆」，只就君子一邊説，不可着民言。我能「孝」、「弟」、「慈」，則「事君」、「事長」、「使衆」道理便已在此，不待外求也。時文泛引「移孝作忠」等語，非是。

仁字當從堯、舜處家庭説，方合章旨。今人竟説「如天好生」等語，泛甚。

此章言「機」，「平天下」言「矩」。執矩而運，言其均；握機而發，言其速。

徐子卿曰：見作者把「心誠求之」「誠」字，説得恁底真切，不知子母處還着得這些否？陽燧取火於日，方諸取水於月。求之而得，是何究竟？

絜矩章〔一〕

絜有廣狹，而矩無加損，就如一條木尺，起造廣厦大殿，其木尺不加長也。故絜矩者，不難在絜，難在矩。須要星星不差，寸寸不忒，是一條準尺，方纔絜得。

「絜矩」「矩」字，與經文「格物」「格」字正相照應。持一準矩，便是物物之格式也。

程伯子曰：將身放在天地萬物中，例看大小快活，此是絜矩之道。

徐子卿曰：如今人把「不於常」三字，改作「無常」兩字，天命象個活落套子，可笑之極！

嬰兒墮地，哭先於笑。故絜矩之道，不言好而止言惡者，以人之所惡，更真於所好也。

財是天地生氣，積之左藏，則成死貨矣。文、景紅朽之藏，定出漢武；德宗瓊林之聚，定有

〔一〕絜，原作「潔」，據《大學》改。下同。

朱泚。漢武是富家敗子，朱泚是刻剥家盜賊。蓋生氣堆垛，不過自尋活路走耳。臣子窺竊，人主竟不察，自家巧取多積何用？愚哉！

唐以殘破之天下，用劉晏而富；宋以全盛之天下，用王安石而貧，何也？劉晏之術，兼於用人；安石之術，專於生財也。故「生之者衆」四句，全是以人生財。《平天下》章，理財用人，處處分説。此四句是合説。

韓求仲曰：德爲治平之本，財爲治平之末。不是德爲財本，財爲德末〔一〕。盡天下老長幼好惡之情，只此財用。憑他孩提稍長，與之錢則亦欣然而喜，奪之則啼。所以《平天下》一章當重財用。

《大學》自「誠意」時，便提出「好」、「惡」二字，到得「平天下」，只是個「好民好」、「惡民惡」而已。中間「正心」、「修身」、「齊家」、「治國」，皆以「好」、「惡」發之，徹頭徹尾、無顯無微總此一事。孟子論夜氣曰「好惡與人相近」；箕子陳疇，以無作好、無作惡爲王道錫民之極。〔二〕

盧玉谿曰：臣曰「一个」，是挺然獨立而無朋黨之謂。此解深切時務。然《秦誓》原本則曰

〔一〕末，原作「本」，據文意及吕留良《四書講義》等改。

〔二〕此段原寫於天頭。

「一介臣」，非「一个臣」，「介」字亦有孤立不倚之意，「柳下惠不以三公易其介」，即此「介」也。

韓求仲云：伐冰是得以自命命之，凌人其秩更隆，非用冰之家也。

《大學》經文末節，便下「治」、「亂」二字，極有關係。傳之末節，極言小人專利之害，兩提國家，最爲儆切。德爲本，財爲末，外本内末，以身發財則本亂矣。《易》云：「開國承家，小人勿用。」《象》曰：「小人勿用，必亂邦也。」

楊復所曰：有諸己，無諸己，只論存之於心。如此言，必有諸己而後可求諸人，不然，何以求人？必無諸己而後可非諸人，不然，何以非人？蓋只求有諸己、無諸己，非真欲求諸人、非諸人也，所以下文曰「藏乎身」，不然，有諸己而真去求人，無諸己而真去非人，露亦極矣，刻亦極矣，何以爲「藏」，何以爲「恕」也？

四書遇

山陰張岱纂

中庸

天命章

鄧文潔與龍溪談道，謂聖也不做他，賢也不做他，天地也不做他，只是自修自證。吾人住世，一靈往來，半點幫貼不上。所爲戒慎恐懼，亦是這點獨體惺然透露，如劍芒裏安身，鐵輪頂上立命，無始光明，一齊迸露。天命之性，率性之道，修道之教，不過光明中影現法象而已。故曰：「莫見乎隱，莫顯乎微。」

艾千子曰：「不睹」、「不聞」是吾心未與物接，而自己「不睹」、「不聞」之時。「隱」、「微」是吾心獨睹、獨聞，而人所「不睹」、「不聞」之時。自隆、萬以後，諸名公徑以「隱」、「微」仍作「不睹」、「不聞」者大非。「慎獨」是「戒懼」後再加提醒。譬如防盜，「戒懼」是平時保甲法，「慎獨」是關津緊要處搜盤法。將「慎獨」徑作「戒懼」者亦非。

仁者，人也。天命之性，天而人者也。合而言之，道也。率性之道，人而天者也。

楊子常曰：意所偶欲曰「須」，瞬所未合曰「臾」。

辛復元曰：「戒懼」是静中主敬，「慎獨」是方動研幾。静中主敬，私欲無端而起；方動研幾，私欲無得而滋。

群動交作，隨波逐浪，眼前禍福，有若聾盲；三更燈盡，五更夢迴，生平善惡，眉髮可數，故曰「莫見」、「莫顯」。勿把玄幻語將指點精神抹殺。

「睹」自内出，故須「戒慎」；「聞」自外來，故須「恐懼」。

未發已發，不以時言。朱子亦云：雖一日之間，萬起萬滅，而其本體未嘗不寂然。此言極透。

《程門微旨》云：未發謂「中」，只是一個本體。既是未發，那裏有個恁麽？只可謂之「中」，不可提一個「中」來爲「中」。

薛西原曰：「中節」之「中」字，從「謂之中」「中」字來。情易失之過，不及者鮮。「節」有止而不過之義。此「中」仍「戒慎」、「恐懼」工夫，不是空空便能中節。

欲觀喜怒哀樂未發時氣象，須將喜怒哀樂發而不中節處克盡，始觀得。

韓求仲曰：在心爲中和，在天地萬物曰「位育」。位育原是致中和光景。兩「焉」字，説得不動絲毫，蕩然自得。煞言功化，義即不圓。

楊復所曰：《中庸》一書原是《禮記》，此「中」字即禮也，此「和」字即樂也，不可不知。最妙是從喜怒哀樂説起。人以喜怒哀樂之未發與發爲一人之「獨」耳。不知乃「中」也，乃「和」也，乃「大本」也，乃「達道」也，非「莫見乎隱，莫顯乎微」也哉。

佛老總不識「中庸」二字，惟仲尼識得，故子思、明道獨揭「仲尼曰：君子中庸」。〔一〕

楊子常云：非論理，乃實事也。先儒謂禮樂之功用不讓鬼神，則召和消戾，變災爲祥，非誑語也。

《樂記》云：「樂者，先王之所以飾喜也；軍旅鈇鉞者，先王之所以飾怒也。故先王之喜

〔一〕此段有眉批：「入《時中章》。」

怒，皆得其儕焉。喜則天下和之，怒則暴亂者畏之。」天下和，則不惟心意和平，亦覺日月清朗；暴亂畏，則不惟人心懾服，亦覺天地廓清。此便是「天地位」、「萬物育」之切實證佐。

楊復所曰：「忌」字即「戒慎」二字，「憚」字即「恐懼」二字。「無忌憚」者，無「戒慎」、「恐懼」之心也。大抵異端只爲大膽誤了事，千古聖學惟有小心而已。〔一〕

時中章

馮具區曰：「小人之中庸」，小人自以爲「中庸」也。其「無忌憚」處，正是認「無忌憚」爲「時中」耳。此小人不是小可，正是隱怪一流人。

顧涇陽曰：王荆公只是一個不小心，遂成一個「無忌憚」。後來見諸事術，適爲自專自用者藉兵而齎糧，不特禍宋而已。

楊復所曰：此嚴學脉之辨也。「中庸」二字，夫子已爲異端先下針砭矣。「反中庸」者，如夷狄之亂華，庶民之不軌，臣子之無將，俱命曰「反」。

〔一〕此段有眉批：「入《時中章》。」

張侗初曰：堯舜授受，一「中」而已。中不離日用，故曰「庸」；「中」不可執着，故曰「時」。此仲尼於「中」字下一注脚也，是謂祖述堯舜。

鮮能章

「至」字即「無聲無臭至矣」之「至」。下言「至誠」、「至聖」、「至道」、「至德」，皆同此「至」。有時言「大」字，亦與「至」同。

《四書評》曰：曰「鮮能」且曰「久」，則所云「不可須臾離」者，何如也？

胡雲峰曰：此比《論語》添一「能」字。惟民氣質偏，故鮮能知能行；仍須看下章許多「能」字，方見子思之意。

董日鑄曰：名爲「中庸」，而懼天下之忽以爲庸也，故以「至」贊之。「至」者，恰好之謂也。「過」則失「中」，「不及」則亦失「中」，皆名「未至」，則知賢智愚不肖之同爲「不及」也。而後可以愧天下之隱怪而迷者矣。

庶民興，則邪慝自息。民能中庸，則反中庸之小人自化。夫子所以望民獨切也。

行明章

「人莫不飲食也」，將日用處指出道體，從舌根上拈出真味，不可作喻解。饑者易食，渴者易飲。一「易」字，不知瞞過多少味矣。究而言之，辨淄澠之易牙，也算不得知味在。

顧涇陽曰：飲食知味，只就上節來咨嗟慨嘆一番。見人人在道之中，人人在道之外，讀之，真令人怳然自失。

夫子取知行而互言之，則「知行合一」之旨，不待新建之説而後明矣。而下節止曰「鮮能知味也」，則知之即爲行也，亦不獨新建「良知」之説矣。然當夫子之時，而兩曰「我知之矣」，則知其解者不亦鮮乎？

胡雲峰曰：此章分「道之不行」、「不明」，而下章即舜之知，言道之所以行；即回之賢，言道之所以明。兼後面欲説知、仁、勇，此章爲此三者發端而言。知者知之過，以爲道不足行，是不仁也；賢者行之過，以道爲不足知，是不智也；愚不肖者，安於不及，不能勉而進，是不勇也。

楊復所云：此指出「鮮能」之故也，亦即指出「能」之故也。然「不行」合説賢不肖，反説智愚，正見所以「不行」之故。

不行章

此即屬「鮮能知味」之下，「鮮知」即「不行」，非有二也。《石經》本，此節在「鮮能久矣」之下，「道之不行」之上。

大智章

陶石簣曰：「兩端」固不指定「過」、「不及」，亦不必謂自首至尾。彼善，何嘗有首尾？大凡同則一；不同，雖千百種，只謂之兩。「兩」者，不一之謂。猶言執此不一之論，酌而量之，參而詳之也。

程子曰：造道既深，雖聞常人言語淺近事，莫非義理。○是大知人，能問，能察，能隱揚，能執用；不是由問察乃有知。○就鮮能之民，而用中以治之，是舜知之錫類處，故曰「大」。

譬如聽訟，千言萬語，只謂這兩造。

董日鑄曰：凡物，非一不神，非兩不化。故以一求一則一墮於兩，以兩觀一則兩具而一呈矣。

「用其中於民」，是把此「中」用於民上，不是用民之「中」。此見舜之行道處。後言「其斯以爲舜乎」，猶云這個纔是舜，不更添出「大知」二字，語意更覺深遠。

予知章

楊升庵云：「道其不行矣夫」，其故只爲不明，故喝之；下即以舜之明榜之。「人皆曰予知」，其故只爲不行，故嘆之；下即以回之行榜之。一熱喝，一冷嘆，總是婆心。

顧涇陽曰：舜惟不自以爲「知」，所以成其「大知」。誤處全在「人皆曰予知」五字上。

服膺章

聖門説着顔回，不知其修爲如何高深，如何玄妙；乃其爲人，亦只是「擇乎中庸」，有何隱怪？但只是其「擇乎中庸」之時，偶「得一善，則拳拳服膺，而弗失之矣」。「則」字説得緊嚴，「矣」字説得決絶，有「泰山不讓土壤，故能成其高；河海不擇細流，故其成其大」意。淺近之地，得其高深，正見中庸之妙。

焦漪園曰：「不能期月守」，不是擇而守了，又復不能守；言它所擇的，皆是守不牢的，如何算得真知？

可均章

「中庸不可能」，即中庸其至之意，難得恰好，故曰「不可能」。「均」、「辭」、「蹈」到恰好處，即是中庸。

王觀濤曰：「中庸不可能」，言難爲力，非言絶德也。只是稍增一分便太過，稍減一分便不及，難得恰好。

楊復所曰：道之不行由不明，道之不明由不行。明當以舜爲法，行當以回爲法矣。然亦不可以氣力安排，聰明湊合，故曰「中庸不可能也」。亦惟「致中和」而已，故論「强」復説到「中」、「和」。此數章之血脉也。

問天下國家可均，而中庸何以「不可能」？曰：漢高祖、唐太宗皆所謂均平天下之人，而以語乎中庸之道，能乎？不能乎？才力知識能驅駕今古，到得中庸上偏絲毫用不着，故廓清

四海易，廓清寸心難，唯聖者能之。夫子自不敢輕以許人。〔一〕

問强章

張彦陵曰：「强」曰「而强」，政要在自家身上，當下識取本來面目，方是壁立風塵外的漢子。

董日鑄曰：「南方」、「北方」，所謂游方之内各墜一偏。故以方言，以「南」、「北」名，非以地言也。如以地言，則「中」、「和」之强，當必在洛陽之人矣。一笑。

「强」，一也，率性而出，則爲「中」、「和」，倚於氣稟，則爲「南」、「北」，須從心體入微處辨别。南方亦叫做强，政是點化子路處，是夫子金針。

袁了凡曰：今人只説「和」，不去理會「不流」；只説「中立」，不去理會「不倚」。胸中有一毫依回處，便是「流」；有一些粘滯處，便是「倚」。此處矯得盡，方是大勇。

「和而不流」，蓋以處常言；「中立而不倚」，蓋以處變言。和與人同，中立與人異也。

〔一〕此段原寫於天頭。

或問「矯」字義。曰：矯矯如雲中之鶴，又云矯若驚鴻。可想强者之概。

子路問「强」，夫子以「中」、「和」答之。「中」、「和」上着「强」字，似添足。然不説「中」、「和」，「强」字無骨子；不説「强」字，「中」、「和」又無精理。分看更妙。

或問朱子曰「和而不流」，柳下惠足以當之；「中立而不倚」，伯夷可以當之，然否？曰：「然。」曰：柳下惠之「和而不流」易見，伯夷之「中立不倚」於何見之？曰：如文王善養老，則伯夷來歸；及武王伐紂，則扣馬而諫。此便是「中立不倚」處。

素隱章

遁世不必絶世。若然，聖人亦隱怪矣。堯舜在上，蕩蕩難名，帝力何有？正如天山之遁，相遇而不相見。堯舜當時，安有悔心？要見君子不悔，正還一世於中庸，非知希自貴也。

如來欲度衆生，先度外道，以外道人證佛，一轉便是故也。「弗爲」一語，接引情深，不是嚴辟。

「半塗而廢」即在「遵道」句内。「遵」如童子之遵師傳，原無浹洽，故不得不廢，照「弗能已」看自見。

楊復所曰：聖者與聖人不同，聖人有定屬之名，聖者無定屬之名，亦在人爲之耳。人倘能依乎中庸，遁世不悔，便是聖者矣，又何讓哉？一字之異，其妙如此。

依中庸，如孩提之依父母。舍中庸，別無安身立命處。〔一〕

吴因之曰：大抵半塗而廢，終是好奇之心所使，畢竟歸於隱怪之一路。此非力之不足，乃志之不堅也。

楊復所云：此結中庸第一支也。小人反中庸，無忌憚，只是名心大盛，賢知之過俱坐此。到此不知不悔，將道之不行不明病根拔盡。

費隱章

張侗初曰：「費」，彌六合也，發也；「隱」，藏於密也，未發也。「費」處都是「隱」，率性處都是天命也。子思極力要指點天命，而無可説，只得就「費」一形容之。夫婦知，而聖人有不知；

〔一〕上段「不悔」云云至本段，原爲浮簽，所覆之文爲：「依中庸，如孩提之依父母。舍中庸，別無安身立命處。人倘能依乎中庸，遁世不悔，便是聖者矣，又何讓哉？一字之異，其妙如此。」

夫婦能，而聖人有不能。其有不知有不能處似「隱」，然而只謂之「費」，不謂之「隱」。「隱」不可以知能言也。不知不能處是「隱」，與知與能處亦是「隱」也。語大、語小、語上下，皆不可執着。惟不可執着，故無之非是。其實可語者，近而夫婦，極於天地。天地、夫婦之外，都無可語也。不可語，「隱」矣，「費而隱」矣。妙哉，道也，至矣！

雪庵曰：道在天地，有上下；在聖愚，有知能；在萬物，有飛躍：此共是一個機括。機括處是「費」，機括藏處是「隱」。

諸理齋曰：與知而自以爲知，究成小人之無忌憚；不可知而自以爲不可知，究成中庸之不可能。

經以夫婦對天地，有夫婦之愚，有夫婦之聖。列聖人於夫婦外，殊憒憒。

汪石臣曰：《易》上篇始於天地，下篇始於夫婦。夫婦亦道之大者，故《中庸》亦先説夫婦，而下始説及父子、君臣、兄弟、朋友。然君子之道亦不出達道。

問明道謂「鳶飛魚躍」與「必有事焉勿正」之意同，紫陽晚年方云乃今曉然無疑。此是如何？曰：「必有事焉而勿正」，所謂「君子深造之以道」也。鳶飛魚躍則自得之，而居安資深，

左右逢原。是一是二。〔一〕

不遠章

「道不遠人」，謂不遠於人人之人，非一人之人。辟如衆人眠食，而一人獨否，則一人病，醫者治之，使還於衆人之眠食而止矣，更何他求乎？施人以勿願，譬猶吾欲飲醇而勸人以飲鴆，可乎？其違道遠矣。

謝象三曰：上章以道屬夫婦，便是「道不遠人」的引語。此章不言孝弟忠信，而言子臣弟友，正見即人是道，而君子所以「以人治人」也。

楊復所曰：「以人治人」，非去治人也，蓋君子以人自治耳。只爲「道不遠人」，故君子「以人治人」，改而遂止。下面「忠恕」二節，正是「以人治人」之事。

陸景鄴曰：「道」率吾性之自然，不由推致；「忠恕」用比擬之功力，剖破藩籬。明是兩層，故不即謂之曰「道」，而曰「違道不遠」。

〔一〕此段原寫於天頭。

不以勿願者施人，常以求人者反己，忠恕也夫！道豈遠乎？不遠人以爲道者，惟忠恕而已矣。

黄貞父曰：君子之道無有餘、不足，故曰中庸。有餘、不足，皆病也。此病只是精神放肆，故曰「不敢不勉」、「不敢盡」。「不敢」二字最妙，即下「顧」字精神，即首章「戒慎」、「恐懼」。有此心神常攝，方是修道君子。

陶石梁曰：「道不遠人」章，語最切近。「道不遠人」，不遠於人之情也。是故不近人情之事，皆不可爲道。以人所不及望人，以己所不願加人，以己所不能求人，皆所謂不近人情之事也。只就人己對立時，一加體勘，便六通四闢矣。

湯宣城曰：想「胡不」字、「爾」字，口語俱是退步，直接「道不遠人」，不得泥贊美作進步説。

王守溪云：「未能」，正想望中庸之不可能，若呆説「未能」，便是自諉。

素位章

所謂「素其位而行」者，有所以立於位之先，而後可以轉徙於位之中，故曰「素」也。素可以青，可以黄，而君子涅而不緇，其素如一，可以出入青黄之中而無改焉；使其改，則一染之後，不能更染矣。未至而望謂之「願」，所謂妄想也。有其素而因其位，於位而得其素焉，又何妄想之有？「素富貴」八句，存其未始有富貴，有貧賤、夷狄、患難之素，而行乎四者之間，故不失乎常，而常得吾體，故曰「自得」也。因「自得」，故不求得；因不求得，所以不怨不得。而隨身所處，悉爲坦途，一身之外，盡委造化，而居易俟命，無兩事矣。末節證之於「射」。射者，不求於百步之外，而審於扶寸之括，得其身之素，而以爲子臣弟友之鵠，無不中焉，故曰似君子也。

張侗初曰：太素者，道之始也，性也，率性則素位而行矣。起念不依本性，則願外矣。性者，入富貴而不淫，入貧賤而不亂，入夷狄患難而不驚，天不能造我榮枯，人不能司我順逆，廓然平易，坦然高明，君子所爲通天地萬物爲大身者也，故曰「反求諸其身」。

莽夫操弧以祈中的，勢所必無。持弓審矢，必其素相服習，然後弓勁手柔，獸肥草淺，貫革穿楊，無不如意。學射在先，故曰「素位」；得手應手，故曰「自得」。

正、鵠皆鳥名。鵠，鴻鵠也。正，鳱鳥也。鳱小而飛最疾，故取以爲的。

行遠章

《詩經本解》云：雖妻子好合，如鼓琴瑟，必兄弟既翕，而後和樂且耽，則是兄弟真能宜室家、樂妻孥者也。因兄弟及妻子，而父母亦順，看作三層，實有登高行遠之意。

父母固不可作高遠，然順父母，必有其自。妻子兄弟，其自也。以順父母爲高遠者，非以妻子兄弟皆卑邇者〔一〕，亦非爲翕、爲樂、爲順，事事皆有個節級。卑邇在此，高遠未嘗不在此已。

曰「必自邇」，則止有一邇，極而至萬里之外。身在此，即自邇也。「行遠」二字，須會其意。若説「要行遠，必自邇」，則仍有遠見矣。

奉父母爲高遠，則天下好高遠之心淡矣。舜受命，武周達於上帝，高遠乎？卑邇乎？佛家遺棄人倫，儒者全無實用，皆於此處蹉過。

鬼神章

陸君啓曰：鬼神至無，而誠至即有，故云云。如何將「誠」推在鬼神身上而云實有？鬼神，視不見，聽不聞，而曰「如在」，鬼神豈實有者耶？「實有」二字亦當不得「誠」字。

〔一〕「兄弟」下原有「父母」二字，據文意删。

鬼神便是鬼神，故通章以祭祀言之。良能、功用等語，可謂罔鬼神也。

許白雲曰：言在上，又言在左右，充塞都是鬼神。不是或在上，或在左右，恍惚無定之説。劈頭説個「使天下之人」，誰使之也？此言最善名狀。

《中庸》原是禮書，《樂記》曰：「明則有禮樂，幽則有鬼神。」《中庸》三十三篇之陟入「鬼神之爲德」，政是言禮樂、鬼神功用合一處。

大孝章

《記》云：「禮，時爲大。堯授舜，舜授禹，湯放桀，武王伐紂，時也。」時中，君子之中庸也。歷舉舜、禹、文、武，中庸善言時也。千古莫破。

董思白曰：「必受命」，不必於命，而必於受命者也。而世人妄以顔夭憲貧，將聖人四「必」之旨作一種疑案。不知聖人之所謂禄位名壽者，論理而不必論數也。

李九我曰：「必受命」應在前。四「必」字前只必之以德，此方是必之以天。「受」字可玩。是舜可以受天之命，非天私之也。語曰：「升不受斗。」兩邊恰好曰「受」。

無憂章

文王以服事殷，武王竟取殷天下。以俗論，貽文王憂者，莫武王若矣。以中庸論之，化家爲國，雖是另起一番事業，而夫子方以爲述，方以爲纘，方以爲成德，方以爲孝，方以爲善繼善述。將觀兵孟津與有二服事之念打作一樁事，會成一片心，而放伐之業，竟可與大舜同其受命。此子思之旨也。

次節拈出太王作前有作，末節拈出周公述後有述，安得有憂？「武王纘太王、王季、文王之緒」，則是「父作之」内已兼有文王；「周公成文、武之德」，則是「子述之」内亦兼有文王。可見肇基鷹揚，皆文王意中事，何憂之有？

韓求仲曰：文王一生憂勤。子思此論是翻案。

本文既曰「三年之喪，達於天子矣」，又曰「父母之喪，無貴賤，一也」，不幾重複乎？三年之喪，不獨父母也。適孫爲祖，爲長子，爲妻，天子達於庶人，一也。周穆后崩，太子壽卒，叔向曰「王一歲而有三年之喪二焉」，故復曰「父母之喪，無貴賤，一也」。此段朱注未明，予特拈出以示學者。

達孝章

姚承庵曰：此「達孝」即承上章「達」字來。「孝」是人的庸德，人人所欲盡者。武王、周公纘緒成德，不特身盡其孝，而達乎諸侯、大夫及士庶人，使皆得因分以自盡，則其孝是達之家國天下者，故夫子以「達孝」歸之。

韓求仲曰：「宗廟之禮」一節，是下文「治國」機關，亦即是「達孝」作用。

張元岵曰：已前説宗廟，此説郊社，却又於禘嘗説個「義」字，政見得享帝精神，就苞醞在享親裏面，不是兩番作用。若在後人，便把郊社看做天大來事，禘嘗作平等觀耳。聖賢道理，小中見大，大中見小，所以爲達。

韓求仲云：辨賢也，非辨賢否也。不序則賢隱，無以辨其賢之品第才能。

《虞書》記舜，只是類於上帝，禋於六宗，望於山川，遍於群神，便了却垂裳作用。爾時天人相去不遠，帝王經綸，大半在幽明鬼神上做工夫。已後宇宙多事，同氣之倫，脊脊擾擾，無暇問及此矣。

人問何爲禘嘗之義？蓋周始爲諸侯，止用得嘗。及爲天子，乃因嘗而達之於禘，因禘而達之於郊社，豈非有義乎！

問政章

夫子論政多矣，莫詳於告哀公。子思採入《中庸》，以見夫子無舜之遇，無武之功，無周之權，而其天下國家之作用無不備足，則堯舜以來之統，所以歸之夫子也。

當日公室衰弱，全因等殺不明，故政在大夫。夫子藏此二語，有無限機鋒。

謝象三曰：有等有殺，尊親益篤。

今有壤地於此，無樹木以取滋膏腴，與瓦礫等棄耳。虞不以四凶亂，殷反以三仁亡，取不取之所係大矣。○徐自溟曰：不言義、親、序、別、信等字，而只列言君臣、父子、夫婦、兄弟、朋友者，蓋即人即道也，道不遠人也。故曰「仁者，人也」，言人不必更言道矣。

李崆峒曰：爲政在人，非其人而用之則不官；取人以身，非其身而取之則不人。不人而曰「世無人」，不官而曰「世無官」，有是理哉？孟子曰：「虞不用百里奚而亡，秦穆公用之而霸。」劉基、徐達固元生之也，我太祖用之而興。世無人耶？有人耶？

韓求仲云：經曰「來百工」，蓋聖王足國俱取諸工，故薄斂而國用足，此《管》、《商》諸書之祖也。

王顯甫曰：不曰「列辟畏之」，而曰「天下畏之」，則還是諸侯擁護，内外莫侮意。

「誠」與「誠之」有兩解，無兩人。世眼瞶瞶，誰能解此？

不是功力盡後見誠，就下手時，便是誠處。

羅文恭云：落思想者，不思即無；落存守者，不存即無。欲得此理炯然，隨用具足，不由思得，不由存來，此中必有一竅生生，夐然不類。

易無思，無爲也。「中」，不可思議；「和」，不可作爲。不思而得，可以想「中」；不勉而中，可以想「和」。致「中」者，着想不得；致「和」者，着力不得。

古來堯舜揖遜、湯武征誅、周公破斧等事，驚天動地，駭古震今。即自後人觀之，頗爲咋舌。何以自聖人出之，却是吃飯著衣，不惹分毫勉强？此從容之妙也，此中庸之妙也。

明辨處，種子到手，功夫自然樸實，不露一些精采，故曰「篤行」。博學、慎思、審問、篤行，都是方便法門。到得「明」、「强」，方便都用不着，故曰「無病仍除藥，還家莫問程」。

誠明章

天命之謂「性」，修道之謂「教」，異名只是同源。「自誠明謂之性，自明誠謂之教」，兩路總歸一路。《楞嚴經》上説：「性覺妙明，本覺明妙。」松山注云：「即寂而照曰妙明，即照而寂曰明妙。」即此意也。

《論語》無「誠」字，《中庸》始言之。周子曰：「誠無思，誠無爲。」此解「誠」字之妙旨也。别解皆非。○首二句即首章「性」、「教」之分，下二句即前章成功之一。

「誠明」者，如燧取火，何嘗不取？取之隨足。「明誠」者，如乞火覓燧，不知燧中有火，到得有燧，無用乞火矣。火既到手，豈有二耶？故「誠明」未嘗廢「教」，「明誠」未始不率「性」。

盡性章

張侗初曰：何謂「至」？「無聲無臭」，至也。何謂「盡」？「天地萬物爲一體」，盡也。誠即性也。誠至而性渾然全矣，有何不盡？盡性即是盡人性、盡物性也。譬如和合諸香，爇一塵，具足衆氣；沐浴大海，掏微滴，用匝百川。無不有，乃無際之虚空；無不照，乃無塵之净境。此盡性之義也。

楊復所曰：吾儒之學，原以人物爲擔子，化育爲生涯。作僞者，不能盡其性，遂與草木同朽腐。至誠者，能盡其性，則與天地並立而爲三矣。孰去孰取，人其擇之。○性生天生地，故可以贊天地之化育。天地萬物依我性而立，我性不依天地萬物而立，故與天地萬物並立而爲三。人須要識得個誠體性體。無假之謂誠，有此誠，故性用不論於空寂。無礙之謂性，有此性，故誠境不滯於思爲。

致曲章

何謂「曲」？曰：火在石中，擊石傳火。何謂「化」？曰：火出石盡，灰飛烟滅。「致曲」者，委曲而致之也。一了百了，惟至誠能之。致曲却須積漸，到得透露處，成功則一。

姚承庵曰：「曲」即曲成之曲，不當作「偏」字解。誠者不思不勉，自然能盡其性，何等直截！其次則必擇善而固執之。要博學，要審問，要慎思、明辨、篤行，何等曲折！此等一不推致，即不能明善誠身矣，故云「致曲」。

「唯天下至誠爲能化」，而至曲者亦與之同矣。語意如是。

前知章

顧涇陽曰：不説至誠之人，而説「至誠之道」，極是。凡今之庸人，於他人之是非利害，無不預先知之，只爲自己不在局内，無一毫我私參入其中，便自眼清。此即所云「至誠之道」也。「如神」，非言至誠之神，正言至誠之庸也。天下莫庸者理，執其善不善之理，而後蓍龜靈，四體著，興亡可卜。庸而已矣，而人不知也。人不知，而至誠知，故至誠有「如神」之稱，而没庸常之實。《易》之贊「見龍」也，曰「庸德之信〔一〕，庸行之謹」，而繼之「德博而化」。化從庸出，神從誠出，其旨一也。

此節書總是言中庸，猶費隱、忠恕、素位、行遠自邇、鬼神體物之意。見得至誠前知，亦只是禎祥、妖孽、蓍龜、四體、善不善耳，皆中庸之道，非有奇怪術數也。

樊噲問陸賈曰：「自古人君受命於天，云有瑞應，豈有是乎？」賈曰：「目瞤得酒食，燈花

〔一〕信，原作「行」，據《周易》改。

得錢財，乾鵲噪而行人至，蜘蛛集而百事喜。小既有徵，大亦宜然。」

本有今異曰禎，如國本有雀，今有赤雀是也；本無今有曰祥，如國本無鳳，今有凰來是也。許白雲曰：禎者，正也。人有以善，天以符瑞正告之。祥者，詳也。天欲降以禍福，先以吉凶之兆詳審告悟之。○《説文》云：衣服謗謡草木之怪謂之妖，禽獸蟲蝗之怪謂之孽。

子路問孔子曰：「猪肩羊髆可以得兆，雀葦藁芼可以得數，何必以蓍龜？」孔子曰：「不然，蓋取其名也。夫蓍之爲言耆，龜之爲言舊也，明狐疑之事當問耆舊也。」

張侗初曰：治亂，運也；蓍龜，數也；四體，形也。災祥乘運而見，徵兆偶數而生，形神依身而立。總謂之人，不謂之天。若論先天，却有個至誠之道，在善不善。先知者，知之於禎祥、妖孽、蓍龜、四體之先也。先知是性中之知，旋轉天地而無功勳，變化萬物而無聲色，故曰「至誠如神」。謂至誠前知之道，如鬼神之有有無無，而參三才、贊兩間者，以此也。

自成章

張侗初曰：盡性，即盡人物之性上盡；自成自道，只在成物上成。何以故？性無二，故誠之所以自成自道，即物之所以成始成終。同一天命之性，所以成物盡變處，乃是成己完滿處，故曰「時措之宜[一]」。「時」者，德性中成物妙用也。「誠」如人一身。然何謂「仁」？一身之血脉元氣也。何謂「知」？一處痛癢，滿身皆知，血脉元氣之覺處也。「仁」、「知」俱「誠」之别名。

沈虹臺曰：「誠之爲貴」，「誠之」字内有工夫，「擇」、「執」是也。「故」字緊領上説。

楊復所曰：「成物」，容易説「仁」，而此獨説「知」，極妙！蓋凡欲擔當世界，肩荷乾坤，非具過人之識、絶世之智者決不能。此所以《大學》説誠意，必先致知；《中庸》説誠身，必先明善也。若非「知」，則「仁」亦一人之「仁」耳。《學》、《庸》俱經世之書，其言斷乎不妄。

袁七澤曰：「誠」之在物，如「空」在諸相中，「春」在花木裏，摶之無形，覓之無迹。人謂其無，而不知實有者，皆仗「誠」力。無「誠」，無物矣。譬如無「空」，安能發揮諸相？非「春」，安能生育萬物？

許敬庵曰：誠自成，而道自道，總是責成於己。然有己必有物，而物皆統於吾之一誠，故曰：「誠者，物之終始，不誠無物。」如君臣、父子、夫婦、兄弟、朋友之間，一有不誠，便皆乖隔，

[一] 措，原作「拱」，據《中庸》及張鼐（侗初）《寶日堂初集》改。

此「不誠無物」也。故「誠」所以成己，即所以成物。

鄧定宇曰：「合」者，渾合之謂。「合外内」，猶云無外無内。不曰「合内外」，而曰「合外内」，蓋合外之飛潛動植，乃爲内之血氣心知；合外之生長收成，乃爲内之知覺運動。不合外，原無所謂内也。不是合内外而爲言的話頭。

無息章

不曰「天地之道一也」，而曰「爲物不貳」。「不貳」與「一」相去甚遠，解者不當以「一」代「不貳」。

鄒肇敏云：二從一生也。既有一，即理隱而數出，「不貳」非可以「一」喻也。纔言一，即耦去而奇存，此方是「不貳」。

「博厚」六字是功用，不可云同體。聖人與天地同體在至誠，不在博厚、高明、悠久。

韓求仲云：「博厚」等字面上俱再見，此不過點出天地亦如是耳。試味六「也」字。

老子曰：「有物混成。」《易》曰：「天地絪緼。」又曰：「一陰一陽之謂道。」不一於陰，不一於陽，非有物混成而何？所謂「不二」也。

楊復所云：此言天之高明，本生昭昭；地之博厚，不越撮土；山之廣大，本起卷石；水之不測，繇於一勺。言天地山川積小致大，爲至誠者亦如此乎。

雖分動静而物本混成，屆有貞元而運無間斷，妙六子以無端通晝夜而不息。○周海門曰：「不顯」與「於穆」同謂之，豈「不顯」者非也？

張侗初曰：天地不二，見之於河嶽、日星、昆蟲、草木，日發生而無盡者，天地之不已也。若以「於穆」爲不已，則天地之生機寂矣。至誠不息，見之於博厚、高明、悠久，變化而無窮者，至誠之不已也。若以「不顯」爲不已，則至誠之妙用掩矣。蓋發乃是未發，盡人物乃是盡性，成物乃爲自成，從來本體未有不見之作用者。此《中庸》之所爲善言天命之性也。

大哉章

管登之曰：「發育」，陶冶之意。蒙昧而開導之曰「發」，既開而培養之曰「育」。朱子曰：「發育」，則春生、夏長、秋收、冬藏，便是聖人之道。不成，須要聖人使他發育。

韓求仲曰：《中庸》一書原屬《禮記》，自戒慎而直至中和位育，特究其原而盡其變耳。世爲陸象山者，則曰「我尊德性」；爲朱晦庵者，則曰「我道問學」。昔有兄弟兩分其遺貲，諸凡棹椅之屬，悉中裂而半破之。雖曰無不均之嘆，兩不適於用矣，豈不惜哉！

張侗初曰：四方風動謂之「興」，遁世不悔謂之「默」。

不贊「大哉道」，而曰「大哉聖人之道」，便爲「待其人」句作張本矣。

自用章

夏禮只言「吾説」，周禮言「學」，殷禮亦曰「學」，有存焉故也。○「有宋存焉」而不從，正見不倍。從來瞶瞶。

此章並陳德、位、時，固不止爲在下言也，而大意則歸重於夫子從周之意。蓋人知有位無德之不可作，而不知有德無位之亦不可作。「亦」字須玩。故夫子之從周，所以從時也。時之所在即中庸矣。向令夫子改物，而王冕之外，豈無損益乎？而康侯以「春王正月」謂夫子行夏之時，則亦未達於此章之旨矣！

三重章

湯霍林曰：未議、未制、未考之前，已通身是禮、是度、是文，故曰「本諸身」，泛説便混。

宋羽皇曰：無徵之身，過去身也；不尊之身，未來身也。曰「本諸身」，便知其爲現在持世之身矣，言德而時、位已寓。

項仲昭云：題内「徵諸」、「考諸」等字，是説印證，不是説效驗。而「徵諸庶民」句下，獨無「不謬」、「不悖」字樣，蓋民心之信從，可察而不可恃也。

「百世以俟」，猶云聖人復起，必從吾言矣；猶云有王者起，必來取法耳。此必之我，非必之百世以後也。「不惑」，乃我自信其必然耳，故本題不曰「俟百世」，而曰「百世以俟」。

凡人終日見天地，不見鬼神，故疑鬼神甚於天地；終日聞三王，不聞百世聖人，故惑百世聖人甚於三王。言「知天」、「知人」者，不得但言「鬼神」、「百世」總上四句之義也。

「遠之」、「近之」，是形容道妙語，令人隨在皆親；以遠近分地域者非也。如視絶代佳人，遠近皆佳。

祖述章

讀《堯典》一篇，曆象、日月、星辰便是堯之「上律」。其曰「寅賓出日」、「餞納日」等語即是「上律」意。其曰「平秩東作」、「西成」等語，即是「下襲」意。《月令》亦然。仲尼雖不得位，然其範圍裁成，與得位者一也。

「水土」仍合「天時」説。五行，一曰水，五曰土，原相生相尅，循環無端。「下襲」者，正與時消息處，非僅「樂水」、「樂山」之見。

項仲昭曰：四爲「錯」，二爲「代」。「代」字易明。若四時順序，何得言「錯」？「錯」者，一時而備四時之氣者也。

馬君常曰：胸中想着仲尼，口裏忽説天地，此中便有圓滿化工。若於末句復添仲尼，便蛇足矣。

「並育」二句亦就道理説。若作形體上説，則虎狼之吞噬，鷹隼之搏擊，萬物之生，焉得不害？惟以萬物之性説，則同此天地，亦同此天地之育，不侵不奪。譬如一室千燈，其光必遍。寒不悖暑，故陰氣生於烈日之中；暑不悖寒，故陽氣回於重泉之下。並行不相悖，亦其氣自相乘除。寒暑之道，未嘗有生滅也。

袁了凡曰：「流」者，出也。「川流」者，如水分於萬川，滴滴各全水味也。「化」者，融也。「敦化」者，如大爐火，釵釧鐶鐘，無不融化而歸一也。一隨萬而出，則縷縷分析而不窮；萬得一而融，則重重攝入而無礙。

至聖章

張侗初曰：元氣雖含藏，故四時必備。聖性雖深静，故五德俱全。當春而春，當秋而秋，藏極而發也。時仁則仁，時義則義，静極而生也。所謂未發之中，其中也時，故曰「時出」，蓋從淵泉發根也。

上章曰「高明配天」，而此則詳其所以「配」，故用「故曰」字。然玩「故曰」二字，可見到配天地位，只是至聖本分内事。

窮天際地，過化存神。有情之族屬，惡知避而欲知趨；無覺之昆蟲，寒必潛而燠必出。並在靈心化育，誰非性量生成？如衆沫競注，而江河不流；似萬籟紛吹，而橐籥自寂。天功莫喻，性妙難言。

經綸章

嘗論此節與首章相反，首章「性」、「道」、「教」，順，從天説到人；此節「經綸」、「立本」、「化育」，逆，從人説到天。此中庸之極功也。

「夫焉有所倚」，政是首章「致中」之功，何倚之有？倚則不名爲中矣。「肫肫」三語，是申贊其無倚之妙。如經綸大經，尚存君臣父子等倫。無倚，則忠、孝、友、恭等字俱不倚着，止見其一團天性之和藹，豈不是「肫肫其仁」？下二句仿此。

「其天」、「其淵」與上「如天」、「如淵」不同。上「天」、「淵」以實言，故着「如」字；此「天」、「淵」是借來的空字，與「仁」字一般，故言「其」而不言「如」，非有優劣也。

「仁」以言其精，「淵」以言其深，「天」以言其大，而加「肫肫」、「淵淵」、「浩浩」，政以狀「仁」、「淵」、「天」之妙，非更有小仁、小淵、小天也。

馬巽倩云：只如乾坤定位經也，至乾上坤下而否，乾下坤上而泰。此處便少「綸」字不得矣。漢、唐、宋大經不明，正坐不知「綸」字耳。

「聰明聖知」下一「固」字，便不是倚聰明，倚聖知。不倚聰明聖知，然後能達天德。「固」字有收斂弢藏之意，與下「絅」字、「闇」字相近，總見無倚之妙。

尚絅章

湯宣城云：「君子之道」、「小人之道」，即上面「君子之中庸」、「小人之中庸」也。小人亦自有道，亦自有中庸，其途各別。

張侗初曰：鼻忘於風，舌忘於味，聖人忘於淡。諸臭有謝而風無謝也，諸味有盡而水無盡也，故曰「淡而不厭」。至人寶淡，淡者，性命之精。玄酒味方淡，太音聲正希。此無聲無臭之妙也。

不曰「闇」，而曰「闇然」，蓋「闇」則與「章」對，而「闇然」則「章」即其闇也。正如帷燈室劍，寶光隱躍，恐人以爲不章，故又曰「日章」耳，非「闇然」了又「日章」也。

「風」字，如時作風化、風尚、風教、風聲、風氣、風會等語，皆風之中乎物而成聲成變者。「風」當從其體，不當論其至。如厲風知怒，和風知喜，凄風知哀；又如鼻中息，緩急粗細，便知心氣橐籥處。

張元岾云：「知遠」、「知風」，是從外說到内也。却又掉個轉身說「知微之顯」，曲直横斜，文章理道，兩盡其妙，若一直説去，有何義味？

張侗初曰：引「尚絅」之詩，贊嘆一個「闇」；引「潛伏」之詩，贊嘆一個「不見」；引「屋漏」之詩，贊嘆個「不言」、「不動」；引「靡争」之詩，贊嘆個「不賞」、「不怒」；引「不顯」之詩，贊嘆個「篤恭」；引「皇矣」之詩，贊嘆個「不大」；引「蒸民」之詩，贊嘆個「無聲無臭」。用引詩體作結局，直是發明「未發之中」、「天命之謂性」也。

賞罰勸威，並不宜着相。只講君子不疚不愧，意象闇然，到此只有可想無可説。

馬君常曰：君子亦有賞，亦有怒，但勸威不在此。

楊復所曰：吾人學問，原是平天下的學問少，見得大賢大聖與愚夫愚婦略有不合處，便是平地上突起峰巒。

鶴鳴而子和，目與而心成。「聲色」亦化民所不廢也，而本不在焉，故曰「末」，不得盡説壞聲色。

馬君常云：全節摹寫不顯之德，與《李夫人歌》「是耶非耶」光景不殊。若從聲色等語呆實分疏，片紙萬山矣。〇劉端甫云：末非粗也。語云「其末立見」，微茫縹緲，太空針芥，渾漠端穎，出於德而已入纖微。

世間説「末」的東西，都是少他不得的，如樹上自少枝葉不得，只是萬紫千紅總來是「末」耳。《大學》言「財者，末也」。試看天下國家，那一刻少得財用？便知「末」字之義。〇徐子卿曰：小人亦閒居放肆到人見即厭，然可見這人所不見之地極是用工。關竅處所，切莫放過。

徐子卿曰：或問「上天之載」，注説個「事」字，或云「載，始也」，其義云何？余云：載人物者，地也。載地者，天也。天大而不可載，上而不容載，語載，其無聲無臭乎。要明白斬截，説得粗，入得細，模糊影響，無有是處。

「毛猶有倫」言以毛比德，猶有倫類可擬，非毛之猶有倫也。須辨。袁了凡曰：獨者無對之稱，有倫斯有對矣。觀「毛猶有倫」，則知絲毫有對，終非獨體。

張侗初曰：無聲無臭，天命之初；闇然篤恭，未發之體。然戒慎恐懼，却是位育實地；内省不疚，却是平天下真把柄。可見至誠至聖與天命合一處，不是無根。

四書遇

山陰張岱纂

上論

時習章

《論語》首章，《乾》內卦三龍皆備。「時習」，「終日乾乾」，惕龍也。「朋來」，「見龍在田」，「德施普也」。「不知不愠」，「不見是而無悶」，潛龍也。

張侗初曰：世人只認學不真耳，若識得學爲何事，便自然悦此際光景。獨聖人能描寫一二，所謂飲水知冷，食蜜知甜也。

譬之彈琴，時時操弄，得手應心，此種意趣，悠然自領。知音遠來，引商刻羽，動指會心，相對莫逆，豈非至樂！至如村夫豎子，頑木不知；痴牛相向，毫不介心。一念冷然，自舞自蹈已耳。

宋羽皇曰：「遠方」，不是舉遠該近，亦不是爲近者耳目習孰生厭。聖賢相證，豈資徒衆？一士印心，便空宇宙。神龍不並澤，麟鳳不共國，故曰「遠方」耳。

凡學問，最怕拘板，必有活動自得處，方能上達。曾子所謂「傳不習乎」，亦懼此病。「習」之獨見於《坎》、《兑》。《坎》與澤皆水也，故曰「水哉，水哉」，曰「逝者如斯夫，不舍晝夜」。君子於是取「習」焉。

「悦」，正在苦心時想見，故曰「不亦」。

務本章

吕子巽謂：「其爲人章」提「本」字、「爲」字極好。舍「孝弟」，别無人；舍爲「孝弟」，别無爲人。會得「本」字，「孝弟」直是生天生地；會得「爲」字，「孝弟」直是充天塞地。

「道生」叫不得枝葉，只好譬作樹中之有滋液。根本不凋，滋液暢滿，自會發生。千尋之樹，究竟只完得初來一點種子。若説枝葉，便在形迹上去矣。

聚仁於「孝弟」中，如木反蒂於核芽，鳥收聲於鷇殼。枝葉、聲音，政自苞括不盡。劉頤真曰：只要了得核中一個「仁」，「仁」中有一點生意，藏之土中，春風纔動，根生幹長，都出自然。

鮮仁章

不曰「仁鮮矣」，而曰「鮮矣仁」，聖人婆心，不肯説煞。知剛毅木訥之近仁，則知鮮仁矣；知巧言令色之鮮仁，則知仁矣。

「巧言」是談「仁」的，「令色」是取「仁」的。言不根心，雖韓文馬賦，皆謂之「巧言」；「色」不根心，雖堯行舜趨，皆謂之「令色」。其實俱在「仁」上打點，只打點在外耳。

三省章

「爲人謀而不忠」，如何「省」？嘗問一先輩曰：「公自想亦有私否？」答曰：「那得無私！吾兄子病，一夕十起，退而安寢如故。吾子病，吾不往視，然竟夕不寐也。何謂無私！」此亦爲人謀之微密證據也。

昔有禪師常日喚：「主人公惺惺否？」自答曰：「惺惺。」此即是日省之意。三「乎」字是細細問心之詞，故曰「三省」。邢和叔一日三檢點。明道曰：「可哀也哉！其餘時，理會甚事？蓋仿三省之説錯了，可見不曾用功。」

千乘章

「信」不專在言，「人」不專在民。

丘毛伯曰：凡國家有重費者，必有重斂；有重斂者，必有重法。法一重，而人莫必其命矣。故愛人實根於「節用」。

弟子章

此章以「弟子」起語，全是責成爲父兄者。

易色章

張恭簡云：今人賢人之廉，未嘗易其好利之心；賢人之恬退，未嘗易其好進之心。可想「易」字之義。

「事君」言致身，縱一死，豈遽完得？若不「致身」，便是不臣之極，只緣一死判不下耳。

威重章

韓求仲云：「重」是學問用力處，不以氣質言。

柳子厚云：立身一敗，萬事瓦裂。「不重」須如此看，方有關係。若在威儀上講，世豈無衣冠堯禹，而行同桀跖者哉！明眼人莫被此輩瞞過。

下三句都不曾説到威儀動蕩上去，可想「重」字之義。〇「憚改」，古人譬之如小兒護痛。

楊復所曰：「學則不固」與「則學不固」有辨。蓋「重」便是「學」，别無二事，故曰「君子不重則不威，學則不固」。一「不重」就是「不威」、「不固」了，故二「則」字俱在上。如今人解「重」之外，還有個「學」，分明是「則學不固」了，豈「學則不固」之文脉哉！

歸厚章

澆薄之民，如亡子久離鄉井，若遇人指點故鄉景色，便想歸來，故曰「民德歸厚」。顔色之戚，哭泣之哀，吊者大悅，政是「民德歸厚」處。

聞政章

「温、良、恭、儉、讓」，是夫子不忍恝視斯民，故於觀風問俗時，現出一片虚己近人光容，如春日和煦，萬物皆怡，咨詢觀考到處，自然得其要領。如問禮問官之類，子禽原不指定邦君與夫子，夫子必求邦君；子貢亦不指定夫子之得，得之邦君也。從來瞶瞶。

吴長卿云：曰「聞」曰「得」，只是引鐵遇磁；若「與」若「求」，未免刻舟求劍。只摹寫其有意無意方高。

細讀白文，自明邦君從何地出現。

吴伐越，墮會稽，獲骨專車。吴子使來好聘，且問之仲尼，曰：「無以吾命。」夫博物固聖人餘事，春秋之吴，以夷待之，其君好問，一至於此。以至陳則肅慎之矢，楚則商羊、萍實，遣使遠問。「夫子至於是邦也，必聞其政」，其故可得而思之。

觀志章

管登之曰：此章必爲有家之大夫輕改父道而以幹蠱矜能者發。有子、考無咎父子相承，全在善繼善述。「三年無改於父之道」，須於「道」字、「無改」字討個對同。

禮用章

《中庸》「發而皆中節，謂之和」，是此章注疏。「和」不在禮外，故曰「禮之用」；「節」亦不在禮外，故曰「以禮節之」。

曾子曰：「狎甚則相簡，莊甚則不親。是故君子之狎足以交歡，其莊足以成禮。」孔子聞其言，曰：「二三子識之，孰謂參也不知禮乎？」

近義章

「義」、「禮」曰「近」，「言」曰「可復」，「恥辱」曰「遠」，「親」曰「不失」，「宗」曰「亦可」，未嘗實下一字，總見君子一片憂危謹慎之心。

邵堯夫曰：吾人爲善，當量力而爲之。此語最深。夫物過其量，不能相繼。忠厚長者之名，亦不宜多取。且生平肝膽有數，豈容輕易許人？有子直爲負氣者下一金針。

「善不可爲，何況爲惡。」亦是此意。

顧仲朗云：世人皆以「復言」爲「信」，故聖賢以「義」字壓之。「可復」字直從容商量語耳，不在必「復」也。

春秋諸賢，多適他國依人一事。昔人尤重司城貞子、蘧伯玉，其一證也。癰疽、瘠環，猶煩孟子辨之。以此知當時「因」字之義矣。

丈夫只有聲應氣求，安肯因人！「因」原非交之正，但能不失其親，亦庶乎可宗也。「亦可」字是聊且之詞。

好學章

李卓吾曰：此是訓君子如此，不是贊君子如此。若贊君子看，末句血脉便礙。

楊復所曰：事與行不同。説「事」，則真有一事在，如農之耕，女之織，非漫言也。試思吾輩所學，果有何「事」？識得此「事」即欲不「敏」，亦能也；即欲不「無求飽」，不「無求安」，不「慎言」，不「就正」，亦不能也。

貧富章

嘗言「志學章」非夫子能進，乃夫子能舍。學問時時進，便時時舍。天龍截却一指，痛處即是悟處。禪學在掃，聖學在脱，總一機鋒。明道云：「學者無可添，惟有可減，減盡便無事。」切磋琢磨，俱是減法。茅鹿門云：無諂而至於樂，無驕而至於好禮，其中多少層級？不知費多少切磋，多少琢磨！子貢「如切」一節，正爲上兩語體味一番。全不言《詩》，故可與言《詩》。「其斯」指夫子所言進一步又有一步也。上文之「未若」，下文之「往」、「來」皆此意。

不患章

鏡子不能照物，是鏡體昏，故「患」。若果是秦銅照膽，亦不愁人不知。

子貢問於孔子曰：「今之人臣孰爲賢？」子曰：「吾未識也。往者齊有鮑叔，鄭有子皮，則賢者矣。」子貢曰：「齊無管仲，鄭無子産乎？」子曰：「賜！爾聞用力爲賢乎？進賢爲賢乎？」子貢曰：「進賢，賢哉！」子曰：「然。吾聞鮑叔進管仲，子皮進子産，未聞二子之進賢己之才者也。」

北辰章

末世令行禁止，全没個本領去處銷歸，到此纔能出無入有，相視而化。荀子所謂「誠心守仁」、「誠心行義」也。末二句政鞭緊「德」上，若認作天文訓，便顧子失母矣。○郭象注《莊子》曰：「動而爲之，則不能居萬物之上。」故夫子曰「爲政以德」，曰「無爲而治」，曰「篤恭而天下平」。要想舉八元，誅四凶，封山濬川，事事勤勞，却有個寂然不動處，是爲帝道。

「星拱」亦不譬民歸，只是德本同，然「以德」者，合其本位耳。星何嘗設意拱辰？

王弇州曰：北極其天之極乎！動處至神而聽於静，静處至微而能制動，亦淵矣。夫人日膠膠乎，擾擾乎，反而求之，而「極」安在哉！

無邪章

蘇長公《心經藏記》云：聞之孔子，「《詩》三百」云云。夫有思，皆邪也；無思，則土木也。云何能使有思而無邪，無思而非土木乎？

莊子曰：「大塊噫氣，其名爲風。」韓子曰：「物不得其平則鳴。」詩歌之道，宣鬱導滯，是節宣人情第一事。蓋人情若水，無所以疏瀹之，則懷山襄陵，無所不至。「思無邪」者，惟《詩》三百，故「思無邪」也。感發懲創猶落一層事。

王弇州曰：《詩》之存淫奔也，非小子所敢知，意非其舊也。示戒徵而道欲重，夫子特揭「無邪」之言救世也，亦自救也。

以一言蔽「三百」，只是要人慎思。程子曰：「『思無邪』者，誠也。」又曰：「哲人知幾，誠之於思。」誠於中，形於外。如《墻茨》、《鶉奔》之詩，范氏所云：「衛詩至此而人道盡，天理滅。中國無以異於夷狄，人類無以異於禽獸，而國隨以亡。」楊氏謂：「《詩》載此篇，以見衛爲狄所滅之因也。總起於一點邪思，以至於喪身亡國，可不慎哉！」

道齊章

孔子適衛，衛將軍文子問聽獄。孔子曰：「以禮齊民，譬之於御，則轡也；以刑齊民，譬之以御，則鞭也。執轡於此而動於彼，御之良也；無轡而用策，則馬失道矣。」

「道之以政」、「道之以德」是分説，「爲政以德」是合説。

志學章

志學，是種子也。下得真種子，根苗花果日生日新。人心盡然，何況聖人向學人指點新新光景，初非自叙年譜也。

「不惑」等工夫，聖人於志學以後十五年，便已入手。但得手處，自有次第耳，所謂逐節證，非逐節修也。

楊復所曰：「耳順」如自家家裏人説家裏話，提起便詳詳悉悉，無不知者，毫無隔礙，毫無思議。這是何等地位，何等光景，可易到乎？即「知天命」，猶覺説道理還有新奇可喜之意在。

到此，天命亦爲人事矣，直恁平常。聖人履歷，從聖人口中吐出，如憶夢中所見，如追舊時所識，有一種自吟自賞，不可名言妙處。

王龍溪曰：「耳順」乃「六經」中未道之語。目有開閉，口有吐納，鼻有呼吸，惟耳無出入，佛家謂之圓通。「順」與「逆」對，更無好醜揀擇矣。解之極徹。

舜「達聰」，夫子「耳順」。

無違章

孟僖子將卒，遺命懿子學禮於夫子。於其問孝，而告之以「無違」，意謂無違父命耳。下文「以禮」正「無違」之實。後三句當趲重葬祭上，孟僖子既殁，欲其事死如生耳。

憂疾章

諺曰：「養子方知父母恩。」只説父母之心，孝子逆子都通身汗下。

凡人急則呼天，疾痛則呼父母，政與親心相照處。

答孟懿子以「守禮」爲孝，答孟武伯以「守身」爲孝。

楊復所曰：「敬」便是「孝」，絶無兩層。拈出「敬」字，「孝」之精神全體現矣。

賈子《新書》曰：「假父耰鉏杖彗耳，慮有德色；母取瓢碗箕箒，慮立訊語。抱哺其子，與公併踞；婦母不相悦，則反脣而睨。其慈子嗜利而輕簡父母也，念罪非有儲理也，亦不同禽獸僅焉耳。」

孔子論孝，豈有以父母與犬馬相比之理！按《内則》曾子曰：「是故父母之所愛亦愛之，父母之所敬亦敬之。至於犬馬盡然，而况於人乎！」則犬馬者，是父母之犬馬。言孝者自謂能養，至於父母之犬馬，皆能有以養之，但不敬，則何以自别其養父母之心乎？釋者不考，遂成千古之誤。〔一〕

〔一〕此段原寫於浮簽。

色難章

「色難」是養志的虚神，「服勞盛饌」是養口體的實事。〔一〕

《記》曰：「嚴威儼恪，成人之道也，非所以事親也。」嚴恪且不可，况暴戾乎！可以知其難矣。

告子游，甚言一個「敬」字。告子夏，隱言一個「愛」字。夫二子乃文學之賢，其於外面事親的儀文决不缺，特懼其少「愛」、「敬」之真耳。

如愚章

同堂共席，有獨見獨聞在焉，這便是「私」。「發」從腔子中來，如春陽回，草木動。若到抽芽挺幹，何待「省」也。凡「省」之義，都向裏面説。

顔子與聖人機鋒相對，針芥相投，語語消融，如紅爐點雪。若不消融，一句只是一句，如何

〔一〕此段原寫於天頭。

發得出來? 如人吃物,若不消化,只生在肚裏,如何滋益肌膚?

聖人贊顔子,只一《復》卦。「如愚」,是「休復」之「下仁」;「休」者,意見鋒鋩一齊休却。「足發」,是「敦復」之「自考」;「敦」有篤實光輝意。「不違」時,無一語不消落;「足發」時,無一語不精采。○ 鄒嶧山云:「發」如草木生意,謂之非造化之力不可,謂之盡出於造化亦不可。尤西川説:「諸子是摹仿孔子,顔子是學自家,都好。」

夫子贊回,如父之贊子,俱以不足之詞,寓無窮之愛。此章曰「如愚」,曰「亦足」,曰「不愚」,何嘗滿口? 何嘗盡情? 但味其再抑再揚,若有不能盡其形容者。

觀人章

人不安於僑而安於家,聖人不過指點人認得自家耳。「察其所安」,何與考較人事? 觀由、察安,即在視以處着眼。觀由而邪正分,察安而真僞分。此法非止以知人,亦可以自考。

「以」、「由」、「安」是囫圇一件,非三件。一事之間,一人之身,同時俱具。

謝東山見阿玄置一屐得當,知其能退苻秦百萬之衆。此是「以」、「由」、「安」一時俱到,不是三件分開。

匡章得罪於父，所爲非矣，而繇於「責善」，將無觀乎？「責善」不免賊恩而出妻屏子，其心之不安可原也，將無察乎？他若管仲三北，毛義色喜，徐庶事魏，狄仁傑從周，皆有當觀當察之心迹，不得草草略過。

温故章

鄧定宇云：爲學須翻窠倒臼，如醫之用方，兵之用法，依傍人不得。必須從舊紙堆中翻出新意見來，方可以爲人師。

爲人師，非教人也，即「子歸而求之，有餘師」字一例。

李卓吾曰：井不及泉，謂之井可乎？鐘不能聲，謂之鐘可乎？若記問之學，不足爲人師者，以其言人之言，無所得於心也。諺曰：「讀書至老，一問便倒。」其亦所謂井不泉而鐘不聲者與！

不器章

董思白曰：世人多以不器爲無所不能，不知君子政不貴多能。惟其無能可名，故不可以器名。

老子曰：「朴散則爲器，聖人用之，則爲官長，故大制不割。」

先行章

世間儘有説得行不得之事。先把己所欲言者，措之躬行，必大通無礙，然後從之，是之謂躬行君子。本文只説「從之」，並不曾説到從而言之也。

周比章

「周」與「比」不在量之廣狹，而在情之公私。情公，即一人相信亦「周」；情私，即到處傾蓋亦「比」。以普愛衆人、專昵一人，分「周」、「比」者誤。

聲氣是「周」的血脉，朋黨是「比」的精神。

「小人」與「君子」争差毫釐，不是牛僧孺〔一〕、王安石一流，鄉原、中行便是榜樣。此直從源頭上理出綫索。

學思章

有聞見而無智慧，如人在三光之下，而自家無眼，不見一物，終冥然而已。有智慧而無聞見，如明眼人在大暗中，舉足坑塹，豈不䠥跪！

會得「思」、「學」是一非兩，「罔」、「殆」便一時掃去，不爲兩種人設法也。

一屋子散錢無索子串起，一條寡索子無錢可串，皆濟不得事。

異端章

陸象山云：孔子時佛教未入中國，雖有老子，其説未著，却指那個爲「異端」？蓋「異」與「同」對，雖同學堯舜，而所學之端緒，與堯舜稍不同，便是「異端」，何止佛老哉！或問如何是

〔一〕孺，原作「儒」，據杜牧《唐故太子少師奇章郡開國公贈太尉牛公墓志銘（并序）》等改。

「異」？曰：子先理會得「同」的一端，則凡異此者，皆爲「異端」。

孔林預知有顛倒衣裳之秦始皇，豈不知數世之後，有楊墨佛老來與吾夫子鬥法乎？「異端」不必曲解。

誨知章

「知之爲知之，不知爲不知」，息息不昧，千古長存。禪家謂之孤明，吾儒指爲獨體。既不倚靠聞見，亦不假借思維，當下即照，更無轉念，故曰「是知」。

《論語》中「之」字、「斯」字、「是」字，最當着眼，如「是知也」、「是丘也」，俱急切指認。一是不可當下埋没了這點真靈明，一是不可當前蹉過了這個真面目。

干禄章

子張學干禄，只是「多聞」、「多見」上用工夫。夫子就從此處説起，真是以病爲藥。

子張學干禄，子貢貨殖，俱是獅子弄繡球。故夫子調伏二子處，俱在泥水中使刀劍。只是「禄在其中」一語，非夫子不敢言。

「闕」是缺陷之「缺」，終身放不下，正是做工夫處。若一筆勾倒「疑」、「殆」，公案如何銷得？

聖人看得「寡尤」、「寡悔」是千難萬難的事，所以複頓此二句，無窮意味。

凡人一入仕途，真無語不招尤，無事不貽悔，方知「闕疑」、「闕殆」、「慎言」、「慎行」真是用世要訣。「禄在其中」，不必太講虛理。

民服章

楊復所曰：不説「君子」、「小人」而曰「直」、「枉」，極妙！同一「君子」，惟「直」的「君子」最惹是非，所以容易「錯」。同一「小人」，惟「枉」的「小人」最善迎合，所以容易「舉」。

君子雖困厄折挫，其道自直，所謂「石壓笋斜出」也。小人夤緣攀附，無才而在高位，無德而握重權，豈不厚誣，故曰「錯枉」。

使民章

康子意在責民，聖人只令反己。一「使」字有意，三「則」字無心。

子張言「嘉善」，「矜不能」。夫子言「舉善」，固就有位者言；至於「教不能」，則有位無位皆可用力。「教」字與「矜」字大逕庭矣。

亦政章

陸象山當家三年，自謂於學有進。此正可想「施於有政，是亦爲政」，全是孝友真功實際處，莫徒作米鹽零雜細碎觀也。〔一〕

魯昭公卒於乾侯，魯人共立昭公弟宋爲君，是爲定公。昭公喪至自乾侯，季孫使意如闞公氏，將溝焉。榮駕鵝曰：「生不能事，死又離之以自旌也，縱子忍之，後必或恥之。」乃止。秋七月，葬昭公於墓道南。孔子之爲司寇也，溝而合諸墓。

《穀梁傳》曰：「昭公之終，非正終也。定公之始，非正始也。」《春秋》於定公元年不書「即位」，正以社稷非先公所命，而受之於意如耳。

玩「是亦」二字，多少含蓄，若執定只此是「政」，則吾夫子栖栖皇皇者何爲？

〔一〕此段原寫於天頭。

輗軏章

蘇子由云：我與物判然二也，車與牛馬判然二也，將何以行之？惟有輗軏以交之，而後車得藉於牛馬也。輗軏者，相交之物也。車與牛馬得輗軏而交，我與物得信而交。金石之堅，天地之遠，苟有誠信，無所不通。吾然後知信之爲輗軏也。

馮秀水云：「而」字襯起「人」字，見人而萬萬無有不信者矣。設若無之，猶車之萬萬不可無輗軏，其何以行？決無是理也。取車不譬行，只譬萬無之理，從「而」字生來。

十世章

子張看得世上事不過是這光景，故曰「可知」。然中間還有信不過處，故止曰「十世」。夫子橫眼一覷，見戲場中許多雜劇，只是悲歡離合之套數。故把夏、殷、周做個榜樣説，隨你禹、湯、文、武聖人也跳不出圈套，有恁麽古怪事，所以道「唐虞揖讓三杯酒，湯武征誅一局棋」。看得破時，天大來事不直一笑。

孔子知百世只在禮上看，制世以禮，禮得中則治，失中則亂。如夏殷質勝，則損在質而益之以文；周末文勝，則損在文而益之以質。《繫詞》云：「損益，盛衰之始也。」盛爲衰之始，益而不已必損；衰爲盛之始，損而不已必益。一盛一衰，天運之循環；一損一益，人事之調劑。善觀古者，但觀一代之末造，便知後一代聖人作何補救，故曰「百世可知」。以世轉我則不可知，以我轉世則何不可知？此意未發。

夫《誓》以志悔過，志思賢，而識秦之所以興也，繼周之兆也，故聖人以《周書》終《秦誓》。《詩》以頌「車鄰」，頌「馬白」，而識秦之所以興，即其所以敗也，亡秦之兆也，故聖人以《寺人》冠《秦風》。

諂祭章

「見義不爲」，如石火電光，倏起倏滅。只如「乍見孺子而怵惕」，見義也，不能保四海，則不爲矣；「嘑蹴不受」，見義也，不能辨萬鍾，則不爲矣。

韓求仲云：諂鬼者，諂人之極思耳。著無鬼論者，又當著戒諂論。

矇瞳者無問矣。既曉得非其鬼而又祭之，既見義而又不爲，一點良知，豈不可惜？

八佾徹雍二章

葛屺瞻曰：就舞佾景象，聳動他怵惕之心；就歌詩語句，挑醒他羞惡之心。都不把名分與他較，全從心苗中鈎剔。

宰予短喪，夫子曰「女安則爲之」；季氏僭禮，夫子曰「是可忍也」。聖人遇不忠不孝的人，只是挑動他良心，使之惻然自省。

舞佾、雍徹先自魯之僭禮始。三家特立桓廟，故亦用此以祭桓公，是其效尤處。

「忍」之一字，原是英雄大作用處。用得光明正大，便是伊尹之放太甲〔一〕，霍光之廢昌邑；用得曖昧不明，便是王莽、曹瞞一流。

《舞佾章》是熱喝，《雍徹章》是冷嘲。三家聞之，亦應汗下。孔北海在日，曹孟德不敢遽加九錫，時人所以歌「山有猛虎」也。

〔一〕伊，原闕，據文意補。

禮樂章

楊復所云：不能爲禮樂設藩籬，且自爲禮樂立地步。○明明説出禮樂之本，可復下章林放之問。

林放章

恭敬者，幣之未將者也。「儉」與「奢」，猶言幣之有隆殺云爾。「奢」固離本，「儉」亦豈遂可以當「本」乎？然從「儉」而求之，猶不失最初之意，故曰「寧儉」。玩一「寧」字，其不即以爲「本」可知也。「戚」則本心之不容已，與「儉」不同。然徒「戚」而已，亦豈所謂「必誠必信，勿之有悔」者乎？故亦下一「寧」字。

夷狄章

余遭亂世，見夷狄之有君，較之中華更甚。如女直之芟夷宗黨，誅戮功臣，十停去九，而寂不敢動。如吾明建文之稍虐宗藩，而靖難兵起，有愧於夷狄多矣！

泰山章

旅泰山，禮也，而所以旅者，有本焉。以大夫而行諸侯之禮，失其本矣。泰山之神，不可誣也。使泰山而享，真不如林放矣。

無争章

單説不争，尚是馮道、胡廣一流。此獨從争説到不争，方是君子大作用。

孔子射於矍相之圃，子路執弓矢出延射，曰：「賁軍之將、亡國之大夫與爲人後者，不入。」忠孝之義凛然，奚止不争？

繪事章

六經有解，不如無解。「素以爲絢」，非一非二，詩意何圓！夫子不得已明以繪之後覺，已於月外添指。子夏復曰禮之後，則更非初月矣。子喜他得月忘指，故以「言《詩》」與之，堪笑世人又添一「先」字也。

莫道「素」便是「先」天地相推而出，見形着想皆是「後」。憑他萬般聰明，精微推識，總不盡「後」，安有「先」字可説？纔説一「先」，已是「後」了也。

「禮後乎」，非悟禮也，正悟《詩》之微，故曰可與言《詩》也已矣，蓋與其知微也。「維」、「禮」二字，恐終是枝意。

子夏設教西河，作《毛詩小序》。此章問答，夫子明以《詩》學與之，是即教天下後世以讀《詩》之法也。「禮」字借來影語，不得顧賓失主。

文獻章

宋羽皇曰：章内三個「吾能」，字意相映發，文獻不足而有吾言在，即未亡之文獻也，故末句致慨無徵。直是以一言當文獻，以一身存二代上。不是嘆杞、宋淪亡，直是撇開杞、宋。

東樓公，武王封之杞。微子，武王封之宋。自微子至戴公凡十君，其間禮樂廢壞。正考父爲孔子七世祖，得《商頌》十二篇周之太師，至夫子則《詩》僅存五篇，是文不足徵也。《左傳》僖公二十七年，杞桓公朝，用夷禮，故《經》書「子」以貶之，是獻不足徵也。

《禮運》孔子曰[一]：「我欲觀夏道，是故之杞，而不足徵也，吾得夏時焉。我欲觀殷道，是故之宋，而不足徵也，吾得《坤》、《乾》焉。」讀此知《論語》「夏禮吾能言，之杞不足徵也；殷禮吾能言，之宋不足徵也」，當於「之」字上點句。[二]

既灌章

「不欲觀」，不必誠意之衰。大禮既非，何誠意之足言？蓋未灌以前，猶未宣讀告文；既灌，則告文宣讀，所謂「奚取於三家之堂」矣，聖人寧欲觀之？

禘説章

向言成王命魯公世世祀周公以天子之禮樂。《史記》云：「魯惠公使宰讓請郊廟之禮於天子，天子使史角往。」據此，則魯之僭禮，自平王、惠公始也。按《閟》之詩曰：「乃命魯公，俾侯於東。錫之山川，土田附庸。」成王未嘗以郊禘賜魯。《春秋》書閔公二年「禘於莊公」，僖公三

[一] 禮運，原爲補字。

[二] 「讀此」至「點句」爲改寫。原文作：「《坤》、《乾》之義，夏時之等，吾以是觀之，聖人用心採訪，寔實有珍惜文獻意。」

十一年「四卜郊」。據此，則禘之僭始於閔，郊之僭始於僖也。不然，何伯禽以下三十八君未有廟頌，而頌獨始於僖哉？總之，郊禘賜於成王，則成王爲非，而伯禽受之亦非；僭於閔、僖，則閔、僖非，而後人用之亦非。孔子曰：「魯之郊禘，非禮也，周公其衰矣！」蓋刺當時之君若臣耳。

如在章

王浚問盧裕曰：「『祭神如神在』，爲有神耶，無神耶？」答曰：「有神。」曰：「有神當言『神在』，何以言『如』？」此語最微。「如」者，吾之精神着之也，「不與祭」而有之乎？此段精神，「祭」則如在，「不與」則如不祭。

「王假有廟」，「有孚顒若」，此政是先王以神道設教之始。「如在」一語，括盡一篇《祭義》。

媚奧章

王孫賈此問，與彌子、衛卿可得同意。對彌子則曰「命」，稱「命」所以屏絶宵小。對賈則曰「天」，稱「天」所以震聾權奸。兩邊都是啞謎，並不曾說破。「何謂也」，語氣矜誇；「不然」，語氣嚴毅。問答神情全在此處。「獲罪」二句，不過找足「不然」二字語意耳。

從周章

語謂：「周末文勝。」當時問鼎、請隧、舞佾、歌雍，純是草野倨侮氣象，何常是「文」？然而同軌同倫世界，誰有不從周者？夫子特地標拈，正見當時所崇尚者，是奢非文，是畔周非從周也。

文盛，是周制大備處。降自幽厲，紀綱掃地，文盡而國亦隨之，豈憂文勝耶！且夫子明説「從周」，時文却曰「即所以從二代」，何也？

漢室草創，臣民倨侮。自綿蕝制興，而漢高曰今日始知天子之貴。覺繁文縟節，自不可少。

太廟章

子在朝言朝，在廟言廟。在朝誾誾侃侃，商確定而俟君出，對揚之。在廟每事問，考據精而俟君祭，駿奔之。禮當如是，故曰「是禮」。

廟中之禮，關繫甚大。杞、宋文獻，直以一問當之，正不可少或人一駁。入太廟而見金人，觀欹器，聖人於此長多少學問。况廟内之禮，如餼羊者儘多。一問一考，禮之精神愈出。

主皮章

韓求仲曰：夫子專在用力處點出力之不可用，所以無争引「射」，稱德論「驥」，俱是此意。味「不主」二字，原不是廢「力」，纔見網羅之大。時文抹殺「力」字，須知放馬歸牛與金人十二自别。説「古之道」，是古之成法必不可變者，言外便有傷今意。

鄉射以五物詢衆庶：一曰和志，二曰和容，三曰主皮，四曰和顔，五曰興舞。天子三侯，以熊、虎、豹皮爲之。

朱注言，「主於中」言主於中「和容」，不主於中的。故《尚書傳》云：「中者，雖不中也取；不中者，雖中也不取。」

餼羊章

王觀濤曰：告朔之禮，所以禀周天王之政朔也，餼羊猶供，亦魯君臣未敢顯然蔑視典禮處，故夫子所惜是亡於禮者之禮也，殆有深意。

徐自溟曰：行禮時，殺羊是禮；廢禮時，存羊是禮。不必説到可復上。羊以寄此禮，故留之則其禮也，去之則其羊也。「其」字有妙解。

孔子作《春秋》，特書文公「四不朝朔」，故於告朔之禮，十分鄭重。

盡禮章

如拜下，禮也，今拜乎上，則反以爲諂矣。「人」即違衆之衆人。

君臣章

晏子常告景公以田氏之禍，公問所以救之者。晏子曰：「惟禮可以已之。在禮，家施不及國，而大夫不收公利。」公不能用，齊卒以亡。

馬超初見先主，與先主言，呼先主字。關羽怒，請殺之。先主曰：「人窮來歸，以呼我字而殺之，何以示天下？」張飛曰：「如是，當示之以禮。」明日大會，請超入，羽、飛並杖刀立直，超乃大驚，遂不復敢呼字。禮之足以御下也如此。

天子之堂九尺，諸侯七尺，所争者二尺耳。天子之席五重，諸侯三重，所争者再重耳。只此尺寸，君臣之分截然。禮之治國，關繫若此。

關雎章

此是贊樂，不是贊《詩》。不必以鍾鼓、琴瑟、寤寐、反側等語，較量哀樂。

哀與傷辨。夫哀，性也；而傷，持情之私也。性愈用而日新，情一沈而立敗。

問社章

何休注《公羊傳》曰：「松，猶容也，想見其容貌而事之，主人正之意也。柏，猶迫也，親而不疏，主地正之意也。栗猶戰栗，謹敬貌，主天正之意也。」又《禹貢》：「青州，鉛松怪石。荆州，杶幹栝柏。」《周禮》云：「各於其野之所宜木。」「夏都安邑，宜松；殷都亳，宜柏；周都豐鎬，宜栗。」又云：「太社唯松，東社唯柏，南社唯梓，西社唯栗，北社唯槐。」則宰我之言，未爲不是，夫子非之，不知何故。「使民戰栗」又與夫子「隕霜不殺草」之對同，即康侯所謂「勸之斷」也。夫子令勿說、勿諫、勿咎，亦不知何故。

「社鼷不灌，城狐不薰。」此言雖小，可以喻大。故議魯事者，當在成、襄之前。不當在昭、定之後。此時根蒂已固，羽翼已成，大事去矣，故不必言也。

當時孔子爲政，欲墮三都。於是叔孫氏墮郈，季氏墮費，將墮成，公歛處父謂孟孫曰：「成，孟氏之保障，無成，是無孟氏也。子僞不知，我將不墮。」魯侯圍成，弗克。此時三家之勢，孔子尚不能墮成，何况賢輩！

器小章

王道伯業，只在根本毫釐上差别。浮雲太虛，功名便是道德；金屑着眼，功名只是功名。聖人小管仲，極有微義，豈能對或人言之！下二段原不是證「器小」，只是隨辨隨解耳。馮開之云：仲即儉，無解於「器小」。此等意原從商文毅公來。甲午諸君得其一班者，亦盡名家矣。

《正義》曰：「婦人謂嫁曰歸。」「禮，大夫雖有妾媵，嫡妾唯娶一姓。今管仲娶三姓之女，故曰『有三歸』。」《國策》亦曰：「齊桓公宮中七市，女閭七百，國人非之。管仲故爲三歸之家，以掩桓公，非自傷於民也。」〔一〕

揚子曰：或曰：「齊得夷吾而霸，仲尼曰『小器』，請問大器？」曰：「大器其猶規矩準繩乎，先自治而後治人之謂大器。」

又云：作此題惜管仲是高手，駡管仲是拙筆。湯宣城云：仲固天下才也，其器不足稱也。語有領會。

斗筲之器，管仲之器雖小之，然器也。今之材雖小，無之矣。何也？成而後器，今未成而毁之，奚其器？

語樂章

墻外人説話，墻内人便曉得是某人某人。聲音之道，原自通微如此，故曰「觀其樂而知

〔一〕此段原寫於浮簽。

其德」。

孔子生平見舜於《韶》，見文王於琴，留心音律，只此數語，已備素王一部鼓吹。

古人作樂，干戚羽旄與金石絲竹一齊並奏。近日言樂，但言聲音而不及干羽，何也？況干羽中亦自有個「翕」、「純」、「皦」、「繹」者在。

木鐸章

張侗初曰：儀封人見透千古，在沮、溺、丈人之上。《傳注》只謂「夫子得位設教，不久失位」，還在世上際遇論耳。封人「木鐸」一語，却在千萬世提聾振聵，大機括點破。當日以顔之道大，莫容賜之，擬得邦家，尚未説透此關，得封人一言，便如雷鳴天下。

老子出關而有尹喜，孔子適衛而有封人，皆是風塵知己。

韶武章

上千載説一《韶》，下千載説一《武》，眼底甚嚴，美善都要説到盡處，胸中甚深，是孔子本領所在。從聲容時勢上疏出，未免是吴季一派賞鑒語。

舜與武王皆是孔子極得意人，善與未善，消息甚微，要非俗人所識。舜君道，故《簫韶》九成從黃鍾起調；武王雖順天應人，終是以臣而不敢以君道自居，故從伐紂之歲月而以蕤賓起調。美而未善，乃不自諱之心，非聖人不能也。

居上章

就一個人説，爲當時從政者言之也。無一而可，我更把甚麽去觀他，方醒得「以」字出，與「不欲觀」、「不足觀」有别。

恣睢暴慢，人多有之，此三者是一套生事。

里仁章

張侗初曰：不擇而不處，是蚩蚩之民，一覺便轉；擇而不處，是好徑之民，永斷歸路。

管子經國，不許四民雜處，雜處則其言哤，其事易。此是保甲第一法。師其深意，孟母所以三遷。

約樂章

舜之飯糗茹草，若將終身，被袗鼓琴，若固有之，此仁者之「久處約」、「長處樂」也。原憲環堵，閔子汶上，魯之季文子，齊之晏平仲，此智者之「久處約」、「長處樂」也。

蘇石水曰：人心之約不能移，樂不能淫者，即仁也。仁者所安，安此；知者所利，利此。非境之外別有一仁，亦非以仁去御境也。合《不處不去章》看自得。

「約」、「樂」暫處尚易，久處之，便見人品。

好惡章

老子云：「常善救人，故無棄人。」今人見惡人，一切忿恨不平，是先已失仁體，而墮於惡矣，又何能惡人之有！〇二「人」字亦要看。好善惡惡易，好人惡人難，何也？善惡，人之已定者也；人，善惡之未定者也。故好善惡惡，常人能之；好人惡人，非一無成心如仁者，恐不能也。

志仁章

「志」者，氣之帥也。此「志」一提醒，如大將登壇，三軍聽命，更何衆欲紛擾之有。雪庵上人曰：「一源既澄，萬流皆清。揭起慧燈，千巖不夜。」孔門志仁無惡，其旨如此。塵魔作祟，皆緣主人神不守舍。念之，念之。

心一腔耳，欲仁，仁至，更無罅子再容着惡。

欲惡章

孟子從「乍見」指點惻隱，今人見色動心，談梅生唾，此與「乍見」何異？大抵無始以來，積業深重，習氣緣心，觸境便見，第一念認真不得。顧盼禍福，商略道理，全靠第二念頭。「所欲」、「所惡」是初念，「不處」、「不去」是轉念，是仁體〔一〕，故徑接「君子去仁，惡乎成名」。孟子忒看得自然，中間倒有躲閃，所以告子信他不過。

〔一〕體，原作「休」，據文意改。

荀子「性惡」之説，亦自有見，第不可以之立教萬世耳。○湯霍林曰：富貴貧賤各有造次顛沛，不處不去外，别無不違仁。

陳伯玉云：富貴貧賤並仁中一影，高檯巢許豈是床頭捉刀人？

袁了凡曰：貧賤中見有非道，便是惡的種子。打破此關，是學道人真實受用。

未見章

湯霍林謂：自「好仁者」至末，俱一氣説。「無以尚」，「不使加」，便是用力處。用力便力足。我未見用力者，故「我未見好仁惡不仁者」。周玉繩元卷本此。

如人真惡惡臭、敗胾、腐骼，斷然不使之加於身體。

袁了凡曰：不使加身，如瓶水既滿，則他水自不能灌。分明是瓶中滿水拒之，不使灌進一般。

觀過章

東坡云：《記》曰：「與仁同功，其仁未可知也；與仁同過，然後其仁可知也。」此《論語》之義疏也。古人有言曰：「放麑違命也，推其仁可以托國。」斯其觀過知仁也與！

聞道章

「朝」、「夕」只是設言。味「可矣」語意，若不聞道，不但不可生，便死也死不得。只該在「聞道」上理會，不須在「生死」上更作商量。

宋羽皇曰：不曰「見道」，而曰「聞道」，最妙！「聞」字從門從耳，如人聽自己家裏話，句句會心，語語入耳；已到家裏，就死也得。

「朝聞道，夕死可矣。」何以孔子又欲「加我數年」？豈五十之時，尚未聞道耶？於此請下轉語。

志道章

王龍谿曰：易溺者，凡心難忘者，習見掃除不浄，如留污濁於浄器中，雖投以甘露，亦化爲惡水。

此關容易打破，衣敝緼袍，何必推遜子路。

士恥不聞道，惟其中無恥，所以外恥衣食，便志在温飽。此等人，聖人直不與之接談，可恥之甚。「未足與議」，正激之使知恥也。

比義章

「義」猶水也，操瓶盎而挹於河，器先滿而勿之受矣。「適」、「莫」之見，瓶盎之滿也，有覆没焉已矣，何以與於河海之觀？

凡人胸有成見，不知壞了天下多少事體。

楊子常曰：四句題作一句讀，題神乃出。觀三「也」字叠叠趕下可見。

王荆公一生意見，一生學問，一生事業，只做得「適」、「莫」二字。元祐一朝，當他執拗不起。

懷德章

「惠」字與「利」字有别，道破小人相漚相沫的念頭。一丘一壑之戀，私恩小惠之酬，皆是「土」、「惠」私心。這「小人」不要輕覷了他。

放利章

徐子卿曰：「利」者，義之和也，但其德爲金，主於斷割。「放」如放乎四海之「放」，到這所在，會收會止，纔是還元手段。若放之而行，便使於世界，廣大濟度，終不能無怨。如文王三分有二，豈不曉亟亟救民水火，却停捺得住。武王行之，遂不免有首陽之歌，這纔是怨，纔是多怨。蓋從歡喜道場，指其中一點消不去處而言之也。若如舊説，不過小如市儈，大則奸盜，亦何足污聖人之齒頰哉！

鐵作户樞，鬼神拍手。世間討便宜事，何便得你終身受用。

禮讓章

張侗初曰：孔子問禮於老聃，老子曰：「去子驕氣與子淫態。」驕氣、淫態，都是節文太多處添出來。真正節文，便是太和元氣，不驕不淫，此是老子精言禮處。後人以爲箴砭尼父，則非也。

立位章

「位」不專屬富貴，自貧賤、患難、夷狄，到處皆還吾素，故所以立位者，一時不可無主。「知」不專屬名譽，自天地、屋漏、衾影，隨處皆操吾鑒，故所以求知者，一刻不容少弛。

一貫章

曾子到此，疑根盡斬矣。他人看「一貫」是「一貫」，「忠恕」是「忠恕」，何敢説「而已矣」？孟子説「孝弟而已矣」，俱是到家語。

傳道之説，宋儒仿禪家衣鉢而爲之，孔門無此也。曾子隨事用功，子貢泥於多學，故語以「一貫」。若云秘傳，何不以語顔子？若曰道慎其所接，子夏之後，何以流爲莊周？根性各別，道體無方。「忠恕」二字，亦舉己所得力及門人所易曉。向來認作機鋒，近來紛紛執着，皆屬邊見。

看來天下忠恕之人，何處通不去。曾子實見到此，亦是既飽之後，把一碗飯與門人吃。只是飽後光景，門人竟説不出也。

曾氏一「唯」，便如陳王初遇洛神，此時正着一語不得。後來説「忠」，説「恕」，只作得個《洛神賦》耳。黄龍師曰：「過關者，掉臂徑去，安知有關吏？從關吏問可否，此未透關者也。」

王弇州曰：夫子曰：「參乎，吾道一以貫之。」曾子曰：「唯。」以非故曾子也。「夫子之道，忠恕而已矣。」猶之乎故曾子也。子貢「疑」，而夫子之旨微彰；曾子「唯」，而夫子之旨有所未竟矣。噫！

曾子一生得力止一「誠」字。「忠恕」是「誠」的表德。格豚魚，貫金石，只有「誠」字擔當得起。

吴雪崖曰：古德謂數十年來打成一片，曾子平昔學問，到此銷歸。

喻義章

朱子云：喻義，喻利，只是這一事上，君子見得是「義」，小人見得是「利」。如伯夷見飴，曰「可以養老」；盜跖見之，曰「可沃户樞」。

家南軒先生曰：學莫先於「義」、「利」之辨。「義」者，本心之當爲，非有而爲之也；有爲而爲，則皆人欲，非天理矣。

如人飲水，冷煖自知。如人搔背，痛癢自覺。「喻」字之義，於此可參。

思齊章

沈無回曰：要知未見之先，無時不在那裏搜索，所以一見便收爲我用。不然，何人不見？何以見不皆益？

幾諫章

「幾諫」只是一個「敬」字，觀「又敬」二字可知已。夔夔齋栗，政是瞽叟底豫的根本。

遠游章

王孫賈母曰：「汝朝出而晚來，吾倚門而望；汝暮出而不還，吾倚閭而望。」自是母子至情。夫子之言，只是此意。

刺客之流猶知有老母在，不敢以身許其友，何况我輩？

曾母囓臂，曾參即知。爲人子者豈可遠離？

喜懼章

知年，不是數其年，亦不是驚其歲月之增而已。人由壯而老，膚髮面目，刻刻變化。人子視無形，聽無聲，須察其瞬息密换處。兩「一則」，是衷腸縈迴及時，愛敬即在其中，不得徑説憂懼。

樹欲静而風不寧，子欲養而親不在。憂喜親年，能得幾時？

耻躬章

「躬」字甚妙！做天下事須實。實要手持，足行，耳聽，目視，是個滯貨。豈如口之想到便説，一説便丢耶？故「古者言之不出」。

黄貞父曰：要説「言之不出」，非是不出言，作者要知此理。

以約章

「約」字淺淺説。老子曰：「治人事天莫如嗇。」簡緣省事，其失自少，此是實理。若以陽明作「求放心」説，則是徹首徹尾工夫，豈止鮮失乎？

少管一件事，少説一句話，清夜思之，何等受用。

韓求仲曰：堯夫云：「君子爲善，亦須量力而行之。」此語最妙！故不但私小伎倆不可用，即真正聰明，亦要收斂，此「約」字之解。

欲訥章

周季侯曰：以謹言勉行窺君子，猶未足盡君子也。惟窺君子於言行之前，自有一段淵然鋭然之思，無一時放下，矯輕警惰，不得之言行，而先得之此心。要想出「欲」字意思，説起纔是。

如鷄抱卵，如龍護珠，自有一段精神縈繫於珠卵之外。

有鄰章

楊復所曰：今之解者都作「有德者不孤，必有鄰」看了。不知夫子原説「德不孤，必有鄰」也，猶言一善立而衆善至也。是勸人進德語。

君友章

「疏」、「辱」不必説到「君」、「友」上，至於「數」則彼己之間，已無一毫餘味。徑路逼窄，已且無站脚處，安能使人回轉？其勢亦不得不出於「疏」、「辱」矣。

陸贄亦云：人臣削草至陛下之前，只道得一半，豈有數諫而辱之理？如要辱者，只是一語枘鑿便擔帶不去。富家子請西賓，豈可面數耶？

忠告人者，要使我有餘地，要使人有去路。放鬆一着，使人方可回頭。臨崖勒馬，怎好收繮？

公冶章

「縲絏」不足爲傷，而「刑戮」又所宜免，聖人之權衡人也何如？學者省此，可得立身法。

聖人擇婿，未始不要保身、保妻子，然只論理不論迹，至於縲絏、免戮立妻，雖妻龍逢、比干可也。

南宫敬叔，三桓之族也，以公族而升於公朝，或用於私家，如爲宰、爲馬正之類，見於《左傳》者多矣，故曰「不廢」，與後世出仕富貴功名者頗異。

子賤章

此原是夫子絶妙贊辭，與贊「非助」、贊「如愚」一樣。若拗轉題面，一味能取，有何意味？子賤宰單父，父事者三人，兄事者五人，所友者十一人，皆教子賤以治人之道。鳴琴而治，民不忍欺。

孔子問子賤曰：「自汝之仕，何得？何亡？」子賤曰：「自來仕無所亡，有所得者三：始誦之，今得而行之，是學益明也；俸禄所共，被及親戚，是骨肉益親也；雖有公事，而兼以弔死問疾，是朋友篤也。」孔子喟然曰：「君子哉若人！魯無君子者，則子賤焉取此？」

瑚璉章

晉羊孚曰：器舉瑚璉，故當以接神。夫不爲世饗而以羞神，其有擊磬之思乎！他日喻仲弓，亦曰騂角，意何識也。

吳長卿云：夏曰「瑚」，商曰「璉」，周曰「簠簋」。夫子不曰「簠簋」，而曰「瑚璉」，已深慨賜之不爲世用。

仁佞章

便佞之人，無非欲取悦當世，夫子反説他「屢憎於人」，把他脅肩諂笑，一往深情，淡如嚼蠟，何等可恥！此政是唤醒他良心，此政是夫子精於言仁處。

信斯章

鄧文潔南雍課士，謂多士曰：「斯」字即指「仕」説，「信」即「有諸己之謂信」「信」字，蓋有這

□仕的本領，方纔信得過也。

周海門曰：漆雕開在聖門，全無問答。非夫子使之，則此語亦不吐露，真潛修默證之學也。「斯」原不在話説，在自信而已。夫子許顔淵「惟我與爾有是夫」，「是」字即「斯」字，「用之則行」，不待使矣。時文纏繞「斯」字，遂將面目埋没。

今人出處草草，只爲閒中打點不熟。有這一分，只做這一分，無可僥倖，未能一語恍見伊衡、管、葛抱膝盱衡一片心事。

漆雕開，字子若，蔡人。一曰魯人。開習《尚書》，不樂仕。孔子曰：「子之齒可以仕矣。」子若執其書曰：「吾斯之未能信。」孔子悦。

張侗初曰：聖賢用世，多要自己拿得出來。信不過，便拿不出。由之果，賜之達，求之藝，信手便用，隨口便答，此是真信處。漆雕開被聖人一逼，便説出真話來，此是學問真種子，聖人如何不悦？白子受頌曰：「心地寥寥揣捫時，自家痛癢自家知。直將痛癢從人説，笑殺含糊體面儒。」學者不消在「斯」字、「信」字上强解。

《通志》云「古有漆沈爲晉相」，即漆雕開。

浮海章

將此題與《歸與章》參看，「取材」二字恰合。

「浮海」、「居夷」是孔子寓言，聊志無聊之思耳。子路一喜，或人一問，反弄得死煞。

武伯章

《漢·刑法志》云：殷、周以兵定天下矣。天下既定，戢藏干戈，教以文德，而猶立司馬之官，設六軍之衆，因井田而制軍賦。地方一里爲井，井十爲通，通十爲成，成方十里；成十爲終，終十爲同，同方百里；同十爲封，封十爲畿，畿方千里。有税有賦，税以足食，賦以足兵。

周公以井田寓師旅，管仲以版法兼軍政，是仁者之治賦也，是可知其仁也。

孰愈章

學者儘饒智慧，儘費工力，不得明人提喝，何由透脱？賜不如回，政從他以知二得力，故急喚醒他「弗如」。子貢聰明，一提即醒。此時如草中躍兔，逸不轉瞬，不用急手，擒住不得，故曰「弗如也」。然手緊則兔死矣，故復許之曰「吾與女弗如也」。自此以後，賜必有脱落歸根者。他日始告之曰「予一以貫之」。縱馴兔於中林，游行自在矣。

「弗如也」，盡奪前塵；「吾與女弗如也」，忽渡彼岸。予不先奪，當前有地，安肯登舟？奪而不予，大海茫茫，抛却生命矣！

張無垢頌曰：「豈是於回果弗如？只緣聞處尚多疏。若還真個能聞一，安得其他更有餘？」

以聞見入道者，亦應以聞見而得度，但一落象數，終是捕影摶風。夫子故把「弗如」二字降伏他從前魔力，直到得懸崖撒手時，方見本來真性。

晝寢章

此儆宰我耳。不要説春秋世界俱是言行不相顧者，如此，則以宰我一人波及一世矣。且語各有自，需要得其言下之旨。

沈無回曰：「子曰」二字，更端之詞，息而復起，更轉一法以責之。此二字乃記者大得精神處。

晝寢罪小，遭此痛責，此是宰我自取之也。若是顔子晝寢，蔬水曲肱，爰契斯語矣。

見剛章

今之醉酒者，見城門則以爲卧榻，見川瀆則以爲溝澮。夫門與瀆猶是，而榻之、溝之者，酒之力也。一旦醒解，而漸失其故矣。申棖之剛，是群天下爲酒人也。

兩人鬥毆，理虧者，恁他高聲，畢竟勉强，可見無理自然雄壯不來。

聖門勇如子路，而夫子尚曰不見剛，則此「剛」之品關繫甚大，申棖如何當得來？「棖也欲」句，只是爲申棖解耳。其實聖人思「剛」，自有深意在。

加我章

「不欲」、「無加」是虚語，着一「仁」字不得；「非爾所及」是活句，着一抑語不得。

李卓吾曰：正有騰驤之志，又着此一鞭，一日千里矣。

霜雪墜空，天地無意，此處太説得自然，使人反信不過。

性天章

張無垢云：既是文章可得聞，不應此外尚云云。如何夫子言天道，肯把文章兩處分？《疑問》云：子曰：「天何言哉！四時行焉，百物生焉。」正是點化文章、性道之合一處。夫子之文章，無過《繫辭》、《春秋》，讀《繫辭》、讀《春秋》者多矣，是可得而聞也。《易》之言性，《春秋》之言天道，則不可得而聞也。

周海門曰：當時「一貫」之傳，夫子豈背地獨與曾子言之，門人俱在側也，惟曾子一「唯」，是曾子得聞；門人不知何謂，是門人不得而聞。

子路章

「行」如何了得？「聞」亦如何旁皇得？總是痴腸痴話。兩「有聞」首尾呼喚。十二字爲子路傳神，是絶妙像贊。

謚文章

「敏而好學」而又「不恥下問」也，學問俱根「敏」字。蓋在「敏」者爲更難耳，不得因「下」字添出位高。

千古所重，「學」、「問」二字，至此始拈合。

子産章

「恭」、「敬」、「惠」、「義」是總其行事，而各以一言判斷之。倒提不得，實講不得。四「也」字有注想之意。

善交章

齊桓公欲相鮑叔，而管仲沮之；齊景公欲以尼谿封孔子，而晏嬰沮之。千古交情，千古知己。蓋齊景公時嬖寵内擅，强臣外横，雖用聖人，其勢難久，况當年「累世」之言？其知孔子最深。余謂晏嬰是孔子第一知己也。

居蔡章

「何如其知」，猶云是何等樣智，語亦婉刺。

孔子曰：「臧文仲有不仁者三，有不智者三。」顏回曰：「可得聞乎？」子曰：「下展禽，置六關，妾織蒲：三不仁也。設虛器，縱逆祀，祀海鳥〔一〕：三不智也。」

大夫不藏龜，「居蔡」已自不知禮，而更妙在「山節藻梲」，於「居蔡」身上何等思忖，何等鑿度！文仲料龜何明，料己何拙！

忠清章

不謂不仁，止說未知其仁；不謂忠清不是仁中事，止說仁未可知。讀者須自會。

或問仁體何如？曰：觀過可以知仁，而忠清未可以知仁，則知仁矣。噫！微矣哉。

鬬穀於菟忠矣，律之以柳下惠之爲士師，三黜不去，傲物輕世，則未必是「仁」。陳文子清

〔一〕鳥，原作「烏」，據《孔子家語》改。

矣，律之以趙盾之見賊不討，逾境求免，則未必是「仁」。此處尚費推敲。

三思章

季文子相三君，妾不衣帛，馬不食粟，家無重器。左氏侈稱之。方公子遂弑君，行父不能討賊，反爲如齊納賂。又城莒二邑，以自封殖，其爲妾、馬、金玉也多矣。是即公孫之布被，王莽之謙恭也。時人信之，曰：「三思後行。」夫子不然之，曰：「再，斯可矣。」若曰：「倘再思之，當不至是也。」

合魯事講，見聖人寓意之大處。蓋爲諸葛恪自當十思，爲季文子自不當三思。恪以輕躁自敗，季以優柔取弱，皆緣不識國勢時宜也。

寧武章

「知」是有道無道的總關，「愚」是鞠躬盡瘁、死而後已的心事。時文竟作以愚運知，發引出後人多少權謀、詭秘、説話，非聖人所謂「不可及」者也，還以就愚論愚爲是。

使范蠡當時見才露智，決不能從勾踐於石室矣。故知范蠡之能脱勾踐，閎夭、散宜生之能釋西伯，其得力全在一「愚」。

狂簡章

學者胸次不高，有兩病：好周旋世故，不簡於塵緣，一也；好博涉見聞，不簡於學問，二也。周旋世故，做今人的鄉愿；博涉見聞，做古人的鄉愿。其胸次不净，總一般不得「狂」。

或曰「簡」即指狷者，説狷者有所不爲，故曰「簡」。

夷齊章

世之説夷、齊者，疾惡太嚴，未免入於隘去。孔子特説他一段天空海闊境界，謂夷、齊心境如長空雁過，影落寒潭，雁不留踪，水不戀影，不念不怨，兩邊不動。「惡」而曰「舊」，如飛影馳輪，忽然過去，惟不將「舊惡」放在念頭上，正見其清之徹底處，非謂清而有量也。

程明道與伊川同飲一友家，座上有妓，明道着意矜持，伊川故與諧謔，明道不悦。異日規訓之，伊川曰：「前日席上有妓，弟原不見有妓；今日無妓，老兄胸中還存一妓，何耶？」即此可想夷、齊胸次。

乞醯章

維直道也，非譏刺微生高也。不然乞鄰與人，亦是好事，夫子何刻毒至此？微生高一名尾生高，魯人。高常與女子期於梁下，女子不來，水暴至，不去，抱梁柱而死。

巧令章

世間有一等不率性之人，好爲諂媚深藏之態，究其胸中絶無所爲，故曰可恥。若云希無望之福，懷叵測之心，此則天地間大奸人，不止可恥矣。

單説丘明與夫子，以兩人皆作《春秋》，共存直道者也。○朱子曰：「足」之爲義，湊足之謂也。謂如合當九分，却要湊作十分，意謂其少而又添之也。

「怨」字散見《論語》中者甚多，皆平常人事中芥蒂嫌隙之名，與君父之仇、兄弟之仇「仇」字不同。作此題者，往往以「仇」字易「怨」字，特差。

君父之仇如何匿得？李陵降虜，謂得當以報漢，畢竟信他不過。

言志章

老安，少懷，朋友信，聖人説來，只是隨物付與眼前平易事。《永嘉集》曰：「利他不普，自益未圓。」劉孝標曰：「生萬物謂之道，生而無主謂之自然。」

楊復所曰：子路當日以共敝車裘爲德色矣，一聞顏子之志，不覺啞然自失。因又思曰「夫子之志必有進於是者」，故於此處特下一「子路曰『願聞子之志』」。

有休歇非天，有休歇非聖。細玩「安之」、「信之」、「懷之」，原是終身勞勞不得休歇語。

陳道掌云：子路車、裘，是七寶布施；顏子捨善、勞，是身命布施；夫子安、信、懷，是不住色相布施。

楊復所曰：「朋友」作交游説，何隘也！不知此「朋友」即指年相若者言，猶曰「民吾同胞也」。合老者、壯者、少者，方盡天地間之人。

此章書當與《孟子・子路人告之有過則喜章》參看，進一層自有一層分量。

自訟章

鄒肇敏曰：「已矣乎」猶云「終不然罷了耶」。「能見其過」者，其見真，其克治自力，洗垢索瘢，發奸摘伏，真有頃刻不能自容之意，故曰「自訟」。

徐子卿問見過自訟〔一〕，或曰：「訟是告狀人，心腸刻毒。」子卿曰：「『刻毒』兩字甚好，比如我要作好，忽然起一惡念，這就是我的對頭，却不肯下刻毒手與他討個下落，不知何故？」

忠信章

臯、夔、稷、卨有何書可讀？君子威重之學，亦以主忠信爲本，而朱子以「美質」繹「忠信」，抹殺古今學脉矣。異日夫子稱回之好學，曰：「不遷怒，不貳過。」則夫子所謂「丘之好學」，亦豈讀書看文章之謂哉？

古者九夫爲井，四井爲邑，二畝半之宅在田，二畝半之宅在邑，凡三十二家。「十室之邑」

〔一〕問，原字殘損，似「門」，據文意補。

甚言其小，不滿三十二家也。

諸理齋曰：妙在不將自己形容人，只把人來比自己，自然絶去褒貶。

南面章

薛方山考出是題，諸生依未喻「可」字立説。方山怒曰：秀才無見識，仲弓賢者，豈有一「可」字也不識？且均一「可」也，「使南面」之「可」則認以爲優，「可也簡」之「可」則認以爲劣。一字而兩解之，何説也？章中三「可」字皆一樣看，「不亦可乎」與「可也簡」二字政相應。

湯藿林曰：臨民之道定要簡易，大事化小事，小事化無事。然此簡易根原，必從「敬」出，一段兢業，不敢煩瑣，便是「簡」，非是「居敬」又「行簡」也。

《淮南子》曰：蓼菜成行，瓶甌有堤，量粟而舂，數米而炊，可以治家，而不可以治國。滌杯而食，洗爵而飲，浣而後饋，可以養家宅，而不可以饗三軍。非易不可以治大，非簡不可以合衆。

好學章

《易》曰：「顏氏之子，其殆庶幾乎。有不善未嘗不知，知之未嘗復行。」明是「不貳過」注脚。明此，則「不遷怒」可知已。聖賢工夫，平平實實，不必説玄説幻。

愚觀天下理盡於《易》。《易》，逆數也，故學者工夫亦盡用逆。夫子「四毋」，顏子「四勿」、「三月不違仁」、「簞瓢不改其樂〔一〕」，合之「不遷」、「不貳」，純是用逆工夫。顏子精於《易》者也，故曰「其殆庶幾」。

觀此章，則「學而時習之」决非是讀書做文字。昔人有「日裏習得，夜裏習不得」之語，是主何見？

辭與章

此章書君臣、母子、朋友、師弟、爲使、爲宰、鄰里、鄉黨之大義俱全。此時各行其是，爲使

〔一〕簞，原作「簟」，據《論語》改。

者爲使，爲宰者爲宰，爲良友者爲良友，爲廉吏者爲廉吏。與者與，辭者辭，一入夫子之權衡，都有個至當不易之理在，所以聖人之教直若化工。

聖人用財，要使財皆得用。若與之不當，辭之不當，把財置之無用之地矣，豈不可惜！知一介之不與，則知天下之可禪；知萬鍾之可受，則知一介之不取。聖人能用財而不爲財用，此是大手段。冉求仕季氏，爲之聚斂而附益之，一生止以繼富爲事。「君子周急不繼富」之言，聖人閒中亦下針砭。

騂角章

太史公作《史記》，欲藏諸名山大川。夫烱烱者，不能自信而乞靈於山川乎？知我其天，參契幽微，感慨深至，不向人間索知己矣。

三月章

《論語》二十章不言心之仁，而此章獨言心之仁。《易》三百八十四爻不言仁，而《復》卦獨言仁。若顏子之「不違」，即《易》之所謂「不遠復」也；諸子之曰「月至」，即《易》之所謂「頻復」也。

昔有祖師言：「四十年打成一片。」「不違仁」，打成一片也。又有云：「他人爲十二時辰使，我使得十二時辰。」曰「月至焉」，猶被時辰使也。

從政章

康子大從政而藐三子，故下「也與」二字；夫子大三子而藐從政，故下「何有」二字。是問答鬥笋處。

康子非用人之人，何苦將熱氣呵冷壁，只存三子之定評？使魯能大用孔子，顔子爲相，季路爲將，子貢備行人，而閔子、冉求輩體國經野，七十二賢人各宰一邑，則人才豈減漢唐？

費宰章

昭公十三年，南蒯以費畔，又公山弗擾以費畔。費蓋屢畔之邑，季氏要地，故子路曾使子羔，今又使閔子，無非欲得賢者，爲收拾人心計，故夫子曰「賊夫子之子」。閔子曰「則吾必在汶上矣」，拒之之嚴〔一〕，總是此意。及夫子爲司寇而遽墮三都，費爲其首矣。聖賢深心，於此可見。

《家語》中閔子到後畢竟仕季氏爲費宰，不知何故？再查之。

伯牛章

徐儆弦曰：顔淵之死則謂之「天喪」，伯牛之亡則歸之有命。蓋在顔淵則可以言天，在伯牛則可以言命，不盡其道而死者，不可以言天，不可以言命也。

陋巷章

鮮于侁問：「顔子何以能不改其樂？」伊川曰：「君謂其所樂者何也？」侁對曰：「樂道而已。」伊川曰：「使顔子而樂道，不爲顔子矣。」侁未達，以告鄒浩，浩曰：「夫人所造，如是之深，吾今日始識伊川面。」

〔一〕嚴，原作「巖」，據文意改。

周用齋曰：看到顔之簞瓢，孔之蔬水，舜禹之天下，通是一樣，乃是樂中真趣。飯糗茹草，若將終身。顔子上半截渾然是個大舜，只是下半截不曾做得。

女畫章

「非不悦子之道」，把道一肩推在夫子身上，與己無干。曰「今女畫」，把「力不足」一肩推在冉求身上，與人無與。○蘇紫溪曰：「力不足」，把「悦」處都説得冰冷；「今女畫」，把「力不足」都説得鼓舞。

揚子曰：百川學海而至於海，丘陵學山而不至於山，是故惡夫畫也。

爲儒章

世人極意刻畫君子小人，都無是處。不知「女」字是君子小人關隘處，「爲」與「無爲」的欛柄。從此處下手，纔是夫子意中事。

《荀子》曰：「正其衣冠，齊其顔色，嗛然而終日不言，是子夏氏之賤儒也。」儒之統分而爲八，即孔子亦無奈之何矣。

王龍谿曰：從來聖人自出手眼，何嘗有樣子學得來？凡依傍樣子者，畢竟不是大人。問小人如何亦曰「儒」、亦曰「中庸」？曰：「四書」中所稱「小人」，其規模本領，皆與君子争席，但心有公私耳。公則爲周、爲和、爲泰，私則爲比、爲同、爲驕。其外面皆是一般。真小人即假君子，僞中行乃真鄉愿，欺歉唯其所造，非明眼人莫辨。〔一〕

武城章

楊復所曰：「行不繇徑」，是指其行詣而言，不在走路上説。下面「非公事」二句，政其一也。若作走路説，何以爲「得人」？

向謂滅明直儒者流耳，見《水經注》載：「子羽渡河，齎千金之璧。河伯欲之，陽侯波起，兩蛟夾舟。子羽曰：『吾可以義求，不可以威劫。』左操璧，右操劍，擊蛟，皆死，乃投璧於河。三投而輒躍出，遂毁璧而去。」然則子羽之勇，誠不減季路，夫子所謂「以貌取人，失之子羽」者，蓋以其貌武而行儒耳。始知其「行不由徑」非公事不至者，直是其剛毅之概，非踽踽凉凉者比矣。

〔一〕此段原寫於天頭。

不伐章

當時以戰勝爲能，誰復於戰敗時觀人取人？清之役，冉有帥左師入齊師，獲甲首八十，齊不能師，胥遁。孟武伯帥右師入齊師而先奔，之反爲殿。「馬不進」之語，非故掩功，他實恨武伯輩不能同心戮力，以致喪師，深以爲恥，故如此。夫子稱之「反」，以是討魯臣意。

佞美章

此大聖人慈憫世界語，若作嬉笑怒駡，便非立言本懷。亦非嗟嘆行路語，正磨鍊豪傑語也。

由户章

周用齋曰：不繇道，不是道外人，正是道内人，即修悟都不繇，此良可怪嘆，正是走路人不繇門户耳。若坐若卧，亦自聽之。

文質章

「野」是野人，「史」是史官，都是人名。「君子」是空名，不必實有其人，與「君子人與」一樣，猶云「文質彬彬」，這樣纔叫做君子也。

生直章

蘇子瞻曰：天之生物必直，其曲必有故，非生之理也。木之曲也，或抑之；水之曲也，或礙之。水不礙，木不抑，未嘗不直也。凡物皆然，而況於人乎！故生之理直，不直而生者，幸也，非正也。

「石壓笋斜出」，屈曲委蛇，總不礙其直性。

此「直」字，與「質直」、「好直」等「直」字稍異，即性體也。性體無善惡，無向背，無取捨；離彼離此而卓爾獨存，非中非邊而魏然孤立，故曰「直」。如千仞峭壁，非心思意識之所能攀躋。「直」是何物？《乾》卦剛中一畫，竪將起來，頂天立地，此人之所以爲生。人而「直」，浩然充塞，死猶生也。人不「直」，無信不立，生猶死也。不直何以言「罔」？人只此一點真心，無此一點真心，生意絶矣。「罔」，無也。「不誠無物。」

知之章

個中精微之極，非人見聞知解易得參透。所謂雲駛月運，舟行岸移，恍惚成迷，漂入邪見。故第一着是尋見真種子，最難！所以學須知之，纔能好之。

引知於好，引好於樂。「知之者」是志道興詩之候，「好之」是據德依仁立禮之候，「樂之」是成樂游藝之候。真知必好，真好必樂。

晉人曰：「絲不如竹，竹不如肉。」謂其「漸近自然」。

中人章

周安期曰：仲尼之徒，不聞有夜半入室而談者，緣何説「可以語上」、「不可以語上」？只是此語人自有可不可耳。如「一貫」之傳，曾子「唯」，而門人「惑」，此即是上下之分。〇或問夫子語中人以上、中人以下有兩樣語否？徐子卿曰：常人買菜、買藥便用低銀子。若夫子囊中原俱足色，只有輕重錙兩，聽人取受，便使將買米納糧，總是這個，無有二致。

樊遲章

精義入神，原屬「知」之事，着一「民」字，就其最切近者言之耳。或曰：「仁不遠，何有難？」曰：「難者，仁者兢業之心也，政是仁者之用力處。」

山水章

知者樂，不樂之人因不知，此拘滯愚闇之人，不達宇宙之大觀者。仁者壽，不壽之人多不仁，此殘忍刻薄之人，不培天地之元氣者也。

「仁」、「知」一道，而「仁者」、「知者」各有所至。辟猶父母一本，而男女自成，日月同明，而晝夜各照。統同之中，無妨辨異，非知道者，不能識也。學者但習「仁」、「知」之名，而其底蘊微妙，漫然不知，故夫子探而歷指之。

一變章

太公大賢，周公聖人，故遺化不同如此。此漢注之説。○漢武帝詔曰：「朕聞天地不變，不成施化；陰陽不變，物不暢茂。《易》曰：『通其變，使民不倦。』《詩》云：『九變復貫，知言之選。』朕嘉唐虞而樂殷周，據舊以鑒新，其赦天下，與民更始。」於此可想「變」字之義。

如人擺設書房床椅，互易其處，便覺耳目清爽。「變」字亦學問、治道所不可少。

不觚章

季彭山曰：重「觚」字説，因當時人習尚通融，破觚爲員，多磨棱倒角，故以「觚」致慨。

東坡曰：昔者太公治齊，周公治魯，至於數十世之後，子孫之强弱，風俗之好惡，皆可得而逆知之。何者？其所施專一，則其勢固有以使之也。

從井章

從井救人，便是摩頂放踵學問。一念執着，自家亦無安身立命去處。運甕者，身居甕外，可逝不可陷，可欺不可罔，出没縱横，大修行人故自如是。

仁者有個窮處，要尋絶處逢生法。昔有一參禪者問曰：「譬如有人口咬樹籐，兩手撒開，懸崖百丈，下面有人問曰：『如何是祖師西來意？』若應他，喪身亡命，若不答他，辜負了他來意，却是如何？」禪師答曰：「請他在未咬樹時節來問。」

司馬温公擊甕救出小兒，纔是宰相手段。〔一〕

弗畔章

顔子博我以文，約我以禮，遂有卓爾之見，全重「我」字。此但云「博學以文」、「約之以禮」，則僅「可以弗畔」而已。此陸象山入微之見，朱程皆不及。

南子章

子見南子，妙在子路一怒，則聖賢循禮蹈義家風，神氣倍振。如讀《水滸傳》，黑旋風斫倒杏黄旗，則梁山忠義，倍覺肅然。夫子第矢之，而不與解釋，政所以堅其不悦之意也。

坐懷不亂，聖人所爲，賢人則不可爲。閉户不納，賢人所爲，聖人則不必爲。子路之不悦，子路之閉户不納也。故曰：「善學柳下惠，莫如魯男子。」

〔一〕此段後，勾去「宰我爲臨淄大夫，田裳作亂，宰我助之，卒遭族滅。可欺不可陷，夫子此言，似有先兆」一段。

南子夜坐而識蘧伯玉之賢。以見小君之禮，要見吾孔子。妖婦人能籠絡聖賢豪傑，唐武曌一流人也。

中庸章

「至」者，無聲無臭之謂。人以思勉求之，故「鮮久」矣。《中庸》多一「能」字，殊失夫子之旨。

施濟章

梁武鑄象造經，崇飾梵宇，問達摩有功德否？達摩云：「實無功德。」博施濟衆，總是功德念頭，所以聖人提出本領銷歸到自家身上，却又不是虛頋口談没把柄的話。大機大用全在「立」、「達」兩字，非解人，誰與歸？

朱子曰：譬如東洋大海固是水，但不必以此方爲水，只瓶中傾出來的便是水。「博施」固是仁，但那見孺子怵惕惻隱之心亦是仁。此喻甚好！

堯、舜時幾個百姓，尚病博濟，奈何以責三代下人物？繁興之時，聖賢討得頭腦，是故誅伐行不止，不施濟矣，曰唐虞種子在。

好古章

荀子法後王，只是於古處信不及，聖人看得世間事事端正，不費手脚。羲皇衍《易》，已是效天法地，何况經列聖人裁成，尚有破綻去處否？

老彭錢鏗在周爲柱下史，少好恬静，及爲大夫，稱疾不與政事，好覽古籍，以此名世。

默識章

學者太看得「學」、「誨」等閒容易，夫子曾自認「爲之不厭，誨人不倦」矣，如何此處又説個「何有於我」？故不得不於「默識」句作些神通。古德云：「老僧吃飯，口口吃在肚裏。」世間千萬衆生，只一吃飯，無有是處，何况餘事！常人視爲十分容易者，聖人視爲十分煩難。

吾憂章

庚子，山東出此題。主司批解元卷云：「吾憂」句久被紫陽注脚障礙，不知「憂」字即曾子

「三省」「省」字，非是不能而始憂。總之，四者是吾切己工夫，吾所當時時兢惕者耳。

徐子卿曰：狥情欲而舍性命，圖受用而忘遠大，聽人穿鼻而全無自己本領，聽天陶鑄而没些變化學問：四者君子之大恥。

君子進德修業，全在能動能變，此風雷之所以爲益也。不修不講，不徙不改，全然不動不變，則益在何處？故曰「吾憂」。

聞之善作家者曰：「人欲營利，必時時運動，則家業日長。若守定目前，毫不營運，天欲富女，亦無從而富女矣。」此言雖小，可以喻學。

燕居章

《禮記》有《仲尼燕居》、《孔子閒居》二篇，則「燕居」亦不是閉門獨處，正是弟子問業討論之時，示人和易，正是夫子循循善誘處。「申申」主容，「夭夭」主色，亦即《玉藻》所謂「燕居告温温」也。

或問：「孔子燕居，何以申申、夭夭」？余曰：「空山無人，水流花開。」

吾衰章

孔子夢周公，尚是耳中鳴磬，眼中金屑。直到不夢時，便是一齊放下。所謂去年貧不是貧，今年貧始貧耳。曰「吾衰」，政已到大休歇處。子韶云：「向也于公隔一重，尋思常在夢魂中。而今直與心相識，爾自西行我自東。」

衛叔寶曰：「未嘗夢乘車入鼠穴，擣虀噉鐵杵，無想無因也。」夢周公時，夫子尚着因想。

志道章

艾千子曰：「道」、「德」、「仁」、「藝」是舊名，「志」、「據」、「依」、「游」是學者所以求道德仁藝也。聖人教人如此，以實事赴空名耳，非真有逐節相生，如時文之謬也。

不是直到依仁方去游藝，即志道時未嘗不游藝。此解妙絶，不然終身無游藝時矣。

有先輩曰：後面興詩、立禮、成樂，便是游藝的工夫。

徐子卿云：或問「游於藝」。余曰：也莫説得兒戲，如善游者入於其中而不溺，是何等手段？先要問「藝」是恁麽？

束脩章

《論語》、《禮記》解束脩，束脯也，十脡爲束。延篤曰：「吾自束脩以來爲人臣，不陷於不忠。」注：「束，帶；脩，飾也。」李固《奏記梁商》曰：「王公束脩厲節。」晉荀羨擒賈堅，堅曰：「吾束脩自立，君何謂降耶？」皆檢束、脩飾之義，與《論語》不同。

憤悱章

「不憤不啓」，夫子惓惓教人，只要人自得，隨根付與，所謂吾口裏説來不中女用者是也。凡落説話，只得一隅，非不舉他隅，不能舉也。如畫人物，畫面必不能畫背，畫側影必不能畫全影。欲畫完，世無此人物矣。

喪側章

孫淮海曰：喪側不飽，以食旨不甘之心爲心也。哭則不歌，以聞樂不樂之心爲心也。

用行章

《紹聞編》云：「用行」二句，當就兩個「則」字看。用之則見成將出來，舍之則藏了。兩個「則」字，如霽則行，潦則止。

「臨事」原非臨陣，此中急宜着眼。

楊復所曰：「唯我與爾有是夫」，向作牽連自家與顏子説，聖人殊無此等口氣。此「與」字，與下文二「與」字一般看，蓋夫子許顏子能「用則行，舍則藏」也，並不連自家説在内。

三軍章[一]

子路若領略此言，則結纓之難，可以不死。

[一] 「三軍章」三字，原補寫於天頭。

執鞭章

擾擾紅塵，見清泉白石，未免有脱兔投林之想。黄粱未熟，偷心不盡。行到黄河渡口，纔嗒然死了去也。

子慎章

孔子曰："我戰則克，祭則受福。"蓋言"慎"也。即此"慎"字，是三者之善道，非更有何道以善此三者也。

丘毛伯曰：其慎齋也，非倖福，是不慢神；其慎戰也，非怯敵，是不輕敵；其慎疾也，非貪生，是不輕生。

"慎"者，於齋之前，戰之前，疾之前，着實有一番功夫，不是臨渴治井。故曰："聖人不治已病，治未病。"

聞韶章

東坡云：孔子學琴於子襄。習其音，知其數，得其志，知其人。其於文王也，見其穆然深思，高視遠志，見其黝然而黑，幾然而長，眼如望羊，心如欲王四國。其於舜可知，是以「三月不知肉味」。

我明楊椒山，潛思樂理，夢見大舜親授以黄鍾之律。何況吾夫子以神聖相遇，其感召更百倍常人也。

衛君章

伯夷曰「有父命」，叔齊曰「非治命」。兩人所急者，原不在兄弟，而仍在父子，故片言可以折衛獄。○仁，人心也。心之所安，便是仁。

《春秋》書蒯聵必稱衛世子，明未絶於衛也。圍戚必書，明輒惡之不可掩也。夫子之不爲輒也明矣。

《公羊》以輒之拒命爲正，慕容輿輩遂以之拒父爲可，事後猶紛紛如此。當日求、賜之疑，不足深怪。

當時衛國只有立中子之法可以解紛，故爲之詳言夷、齊。伯夷、叔齊尊父命，重天倫，讓其國於弟。而叩馬之諫，直與周争天下以還之殷，又盡臣道。總是求其心之安。夫子與其爲仁，忠孝不足以名之，忠孝其事也，聖人論人，必論其心。

蔬水章

富貴如浮雲，不曾説不要富貴，亦不曾説富貴，要義轉合在中，不即不離。

李崆峒曰：「不義而富且貴，於我如浮雲。」漢以下儒者，只言富貴如浮雲，過矣，斯中庸之鮮矣。周茂叔曰：君子以道充爲貴。而曰塵視金玉，銖視軒冕。如其義，亦塵銖之乎？如浮雲，就蔬水曲肱時見，正可想像樂在其中光景。○「用之則行，舍之則藏。」聖人毫不介心。曲肱泗水與捉鼻東山，其意境天壤懸絶。

學易章

春秋時，聖人只合隱。棲棲遑遑，有多少措失，多少過錯處。此處非聖人不能冒險而行，亦非聖人不能履難而免。他人所視聖人驚天動地者，正聖人隱隱自悔於中者也。五十學《易》，其有遯之思也夫！

作《易》者，其有憂患乎？從此細印，覺羲、文、周、孔同在過中。日用飲食，無非過端。顏之不貳，蘧之欲寡，便是聖人之《易》。孔子晚而喜《易》，序《彖》、《繫》、《象》、《説卦》、《文言》。讀《易》，韋編三絶，曰：「假我數年，若是，我於《易》則彬彬矣。」

朱晦翁卜《易》得《遯》之三爻，遂絶口不談朝政，可見聖賢一生所用無時非《易》。

雅言章

「子罕言」，「子不語」，「子以四教」，皆列其目而止，而此獨多着「皆雅言也」一句，此是記者述《詩》、《書》，「執禮」而又尋味之詞。蓋恍然會意，夫子平日所言，莫非是也，於此煞有領會。

聖賢行禮，如執玉，如捧盈，故曰「執禮」。

古人著書叙事，多於複一句處傳神。

葉公章

子路不對，不是鄙葉公，所謂一部十七史從何處説起也。「憤」、「樂」數語，子路實道不出；道不出而寘之不對，正是子路高處。

萬物以怒而生，看一「憤」字真有龍雷震動之象。「憤」便是「樂」，原無二層，此是宣聖一生得力處。

敏求章

聖人知萍實而得之童謡，知羵羊而得之古記，知肅慎之矢而得之《周書》，知商羊之舞而得之《齊風》。凡此，人皆謂之生知，而不知皆其好古敏求之者也。此是聖人實記，不是謙詞。

如人偶憶一故事，不得其詳，亟取書本來查，便自了曉。如略一放懈，則高閣置之矣，故聖人特地下一「敏」字。

聖人有所聞見，事事考究，不待時刻，故曰「敏以求之」。

不語章

伊川每遇怪異之事，必多費辭説，力破其無，意豈不善？然無證之辯，翻起人疑，故知不如「不語」之爲妙也。

徐子卿曰：如禹之治水，湯武之征誅、周公之制作，皆人力也，而皆非人力，緣是性分本然，氣運恰合，豈繫人之能哉！如此説，却消了世間許多閒思想。夫子之不語神怪者，不以天廢人也；不語力亂者，不以人勝天也。若羿、奡、烏獲之流，亦復何足挂齒！

三人章

老子云：「善人，不善人之師；不善人，善人之資。」改之，即是資，即是師也。故曰「必有我師」。

湯義仍曰：師人有窮，師善無窮；師善有窮，師不善無窮。篇中垂側處，妙得題神。

讀《三國演義》，恨得董卓、曹操。凡事類董卓、曹操者，我一件斷然不爲，則董卓、曹操便是我師。

桓魋章

夫子適宋，與弟子習禮於大樹下，桓魋伐其樹，弟子曰：「可以速行矣！」孔子有此言，遂之鄭。李卓吾曰：「却又微服而過宋，所以爲聖人。」

孔子禦奸邪之人，其術數便不可測識，夫是之謂肖物付物。

無隱章

晦堂問黄山谷「無隱」之義。山谷詮釋再三，晦堂終不然其説。時暑退凉生，秋香滿院，晦堂因問曰：「聞木樨香乎？」山谷曰：「聞。」晦堂曰：「吾無隱乎爾。」山谷乃服。

邯鄲之步，畢竟不是善學。孔子絶塵而奔，聖門止得顔回一人。

四教章

湯宣城曰：「『四教』有由博漸約之意，非分作四處教，蓋以『四教』一起教人也。」

見聖章

古人持世只有兩項人：一項是聖人，力大化神，必世後仁之王者，如禹、湯、文、武是也。君子亦具豪傑手段，與爲一類。一項是善人，心存善世，去殺勝殘，成、康、文、景之流是也。有恒亦不失此本心，與爲一類。兩項，力有大小，效有遲速，皆可救世，故本題亦兩更端。作者都無此解。

記者於中間復下「子曰」二字，便把當日俯思仰嘆光景畫出，真傳神手也。經書中如此妙處不少，都被俗儒抹却。

馬君常曰：聖人，是質學兼妙人；善人，是質美未學人。世間止此兩樣。君子，繼聖者也；有恒，繼善者也。

釣弋章

弇州云：釣不綱，廉無咎乎？弋不射宿，静無咎乎？豈惟得聖人之仁焉，亦所以教物也！

晉翟莊少以釣獵爲事，及長不復獵。或問釣、獵同是害生之事，而止去其一，何哉？莊曰：「獵自我，釣自物，未能頓去，故先節其甚者。」夫子亦因人不能頓去害生之事，而方便爲此言。「子」字下當有「曰」字，此不得已而誨人之言。沈蓮池有是説，義亦甚通。

湯解三面之網，而又伐暴救民；文武澤及枯骨，而又戎衣一着。天下事原有並行而不悖者，故知雷霆霜雪，總是造化之仁。

知次章

聞見既多，歸其擇識。懼人之文滅質，博滅心也。《淮南子》曰：「蔽其玄光，而求知於耳目，是什其昭昭，而道其冥冥也。」不陷此者幾希。

張侗初曰：多聞而擇，是恁麽擇？多見而識，是恁麽識？擇識是吾知體，此知光明，不必更有求知處，故曰「知之次」。「次」即《中庸》「其次致曲」與《孟子》「氣次焉」之「次」，成功則一，原不差遠。

楊復所云：多聞便擇，多見便識，何也？曰：耳聞不如目見。耳聞尚虛，故要擇；目見已實，故直須識。

陸景鄴曰：夫子言「無知」，未嘗言「不知」。不知而作，明是妄作。諸説以知而作爲上者，謬。

司馬遷作《史記》，世爲太史，熟於歷朝之典故，方謂之「多聞」。歷盡通都大邑、名山大川，上會稽，探禹穴，訪問聖賢故里、遺蹟，方謂之「多見」。以此而著書立言，自成一家，庶幾免乎「不知而作之者」矣。

互鄉章

周海門曰：此章原無錯簡，亦無闕文。朱注改之，未是。「互鄉」八字爲句，言此鄉有一難與言之童子，非一鄉皆難於言也。此漢疏，宜從。「唯何甚」，言怪我見此童子，惡惡抑何甚乎？舊説宜從。

地獄不空，誓不成佛，聖人何嘗有棄人？

仁至章

衡齊曰：醫書以手足痿痹爲不仁，言勿覺也。誠覺則痛癢流行，而仁在其中矣。豈覺之外，别有痛癢，别有仁哉！

楊復所曰：「斯仁至矣。」妙甚！見得「欲」即是「仁」。若倒一字説「仁斯至矣」，「仁」便在外了，「仁」便遠了，文字之妙如此。

知禮章

宋儒吴氏曰：「謂」者，何人謂之？《春秋》哀公十二年書「孟子卒」，不書「葬」。疑謂之孟子者，魯人諱之，而謂之吴孟子者，當時譏諷之語也。

郊勞贈賄，臣民之素譽也；娶吴附宋，宫闈之隱情也。聖人業與臣民共戴君父，業有令名，此一段已不復寘臆，應聲而答，安知司敗所懷，來着一擬議乎？

哀公十二年夏五月，書：「孟子卒。昭公娶於吴，故不書姓。死不赴，故不稱夫人。不書薨，不反哭，故不言葬小君。」

與歌章

《學記》曰：「善歌者使人繼其聲，善教者使人繼其志。」必反後和，善教、善歌，二法俱備。

聖人與人，實不敢有些子輕忽。試就「必使」、「而後」四字細尋細嚼，便宛然包着「温、良、恭、儉、讓」五德妙用。

躬行章

先儒曰：孔、顔言「仁」，孟子言「義」，程、朱言「禮」，陽明言「知」，後之學者欲繼先聖之統，無過言「信」。觀此篤摯躬行，聖人尚「未之有得」，以此最難題目，敢望後學耶！

聖仁章

馮豹姿云：貪他一粒米，失却半年糧，只爲「仁」、「聖」兩字眼前錯了多少工夫。爲不厭，誨不倦，平平常常，老老實實，仁也在内，聖也在内。

觀音不登佛位，正是道力有限，願力無窮。「不敢」、「不能」，正無上法門也。

問如何與「默而識之」處不同？曰：彼說「學而不厭」，「而」字是自然之語。此也說「爲之不厭」，「爲」字是勉然之語。辭自然，任勉然，夫子從來如此，無不同也。

請禱章

夫子語王孫賈曰：「獲罪於天，無所禱也。」故曰：「丘之禱久矣。」周公請以身代，藏之金縢，請禱，亦師弟至情，不得蠻罵子路。

徐子卿曰：晝之所爲，夜必焚香以告天，此自是簡點精細，要之尚靠着拄杖在，畢竟到夜之所夢，無一不可語人，苟與不苟，纔好撒手撇下。

奢儉章

一説此章不是説「禮」，甚得之。「禮與其奢也，寧儉」，是説「禮」。此是説「奢」之弊大。蓋風俗由儉而奢，皆崇奢而笑儉，不知奢則潰堤防，壞名分，其弊何極！豈如儉之止是固陋而已耶！又云：「亂生於僭，僭生於奢。」

舞佾、歌雍只是好「奢」之故。

管子難乎其爲上，晏子難乎其爲下，與其爲管子也，寧晏子！

坦蕩章

釋家言心地平，則盡世界一切皆平。天下惟平易處，最是寬廣。人心險巇，便如山川，如谿壑，豈得有通衢大道？

温厲章

此皆聖人自然之德容，非相濟之謂也。睟面盎背，着一毫粧點不得。故宋儒有學「恭而安」十五年不成者，亦大可笑事。

幾分「温」，幾分「厲」，自作秤量，覺聖人於此笑啼俱不敢矣，豈不板殺？

三讓章

父子之間，古人不欲告人。聖人知古人之心，亦未嘗明言所以。如泰伯、虞仲，夷、齊，皆有贊無紀，恐傷古人之心耳。唐伯虎云：自古取天下者卜之天人，讓天下者獨決之心，故無從見。

天下惟能取者，然後能讓。泰伯無意剪商而採藥荆蠻，遂有吴國。亦虬髯客之以天下讓唐，而自退處扶餘之智也。出其才力，何遂不如王季、文、武也哉！以天下讓者，謂其能取而不取，故足多也。

無禮章

上言無禮不可行，而禮必有所自始。始於何所？始於厚也。「篤親」節是君子敦厚，即是君子崇禮。

戰兢章

引《詩》見體順歸全，從一念兢惕中來。曾子他日又以戰陣無勇、事君不忠爲非孝，可見當成仁時，便殺身亦不爲虧體。此啓手足，只是偶引起來説耳。世間完全而死者甚多，豈可皆謂之免於毁傷？

曾子啓手足以爲知免矣，而易簀猶在其後，使其終於大夫之簀，猶爲未正也。全歸之難如此。

李見羅曰：曾子聞學之蚤，合下便以修身爲本，故到終來，浩然自慊，與孔子曳杖逍遥，彷彿一般氣象。古云：「生死岸頭，不是臨時處置。」

籩豆章

廣野氣象宫闕，海旁蜃氣象樓臺，雲氣各象其山川。容貌顔色，人之雲氣也。盎然而出，有坊有表，有壇有宇，所以可貴。半毫粧點，鄙陋甚矣。

「辭」、「氣」二字並重。同是一句説話，或出以和平，或出以乖戾，故辭之有氣，顔之有色，都要重看。

看三「斯」字，君子只於「道」着力，三者自不期然而然。運用無形，而純然有以自養者謂之「道」。功能稍著，而灼然有以自見者謂之「事」。

問容色辭氣何足爲君子所貴？曰：莫看得容易，學修恂慄之後，乃有此赫喧之威儀，所謂「動容周旋中禮者，盛德之至也」。氣質偏駁，涵養未到，驟而語之以威儀，難矣！誾誾、侃

侃、行行，皆自鎔鑄中來。〔一〕

吾友章

湛甘泉曰：此「犯」字下得極妙，十分通！是人不是方謂之「犯」。若己亦有一毫不是，己與彼俱「犯」矣。又曰：苟知物我之無間，而萬物一體，如一人之身，手足牙爪之相犯，斯無有較之者矣。李卓吾曰：「吾友」，不説出是誰，更爲有味。

問「有若無」。曰：「水中鹽味，色裏丹青。」問「實若虚」。曰：「水在盆中，月在天上。」飄瓦相遭，虚舟相觸，雖有忮心，而不作怒詈者，以其無人也。無有人見，故「犯而不較」。

君子章

「節」如樹木之有節，英雄、奸賊兩俱礙手走不過處。奸雄一奪取，便爲莽、操；英雄能不奪，便是伊、周。須要臨時始見，局外慷慨算不得。

〔一〕此段原寫於天頭。

既曰「人與」，又曰「人也」，非徒定其品，已有慨當世無其人，而穆然思之之意。是曾子弘毅胸腸，儼然與千古英雄相對處。周介生曰：以一死塞責者，皆可奪者也。死而無濟，一自了漢。事之不成，以臣頭爲殉，直一鼠首耳，何益於國家社稷？「不可奪」，有措天下於磐石之安，屹然不動手段。

楊復所曰：「不可奪」，方是「可以托」、「可以寄」，初無才節兩層。

弘毅章

范文正公做秀才時，便以天下爲己任，此政其才力弘毅處。以天下之憂爲憂，以天下之樂爲樂，其擔荷何重！「先天下之憂而憂，後天下之樂而樂」，其擔荷何遠！使世間士子無此胸襟，則讀書種子先絶矣，更尋何人仔肩宇宙？

問「仁以爲己任」。湛甘泉曰：今人只爲一切擔子累得此身重了，故不能任。范要勝任，先須減擔，減得盡，則任可勝矣。

興詩章

孔子曰：「《關雎》興於鳥，而君子美之，取其雌雄之有别。《鹿鳴》興於獸，而君子大之，取其得食而相呼。若以鳥獸之名嫌之，固不可行也。」

使童子忤孟賁之意，孟賁怒之，童子操刃與鬥，童子必不勝者，力不如也。孟賁怒，而童子修禮盡敬，孟賁不忍犯也。

程子曰：「興於《詩》」，便須見有着力處。「立於禮」，便須見有得力處。「成於樂」，便須見有無所用力處。

易牙學琴於成連子，携之至海，延望無人，但見海水洞湧，山林蒼冥，愴然嘆曰：「先生移我情矣！」「成於樂」者，卒爾會心，有人莫能知之妙。

使由章

老子曰：「魚相忘於淵，國之利器，不可以示人。」不可使知政，示爲上者當進一步意，不必向民身權衡可與不可。

孔北海曰：「父之於子，當有何親？論其本心，實爲情欲發耳！子之於母，亦復奚爲？譬如寄物瓶中，出則離矣！」此雖狂言，亦足奪理，使人子知之，則於罔極大倫皆可澌滅，故曰「不可使知」，蓋斷斷乎不可使其知之者也。

或曰：「秦焚詩書以愚黔首，亦是此意。」余曰：非也，聖人之治也，令民忘；民忘，則惟率而教益修。秦之治也，欲民愚，民不可愚，故謀不閉而盜愈作。聖人爲民計也，秦人自爲計也，此其所以別也。

王荆公曰：「日食月食，此是天變之常，何與國家？陽教陰教，乃加修省。」此言雖説得極透，但不可使人主知之，反多一番放縱。孔子以日食特書《春秋》，正是使由不可使知之意。

莊周「齊物」之論最達天，亦最害治。使人皆知彭、殤、孔、跖同盡同歸，則孰肯自修？或又知清濁、混沌、金石、銷鑠，孰彭、孰殤、孰孔、孰跖，肯自修乎？故曰「害治」。孔子曰：「民可使由之，不可使知之。」

好勇章

論元祐、紹聖之政曰：公卿大夫當知國體，以蔡確奸邪，死何足惜。然既爲宰相，當以宰相待之。范忠宣，知國政者也，故欲薄確之罪。劉摯、梁燾、王岩叟、劉安山，疾惡已甚，以貽後日縉紳之禍，不能無過也。

此政爲姑息不斷者指示禍原。若舜放四凶，周公誅管蔡，又何亂乎？張江陵云：仁人作用，政當於劊子場中想出。

刺虎不斃，斷蛇不死，其傷人愈多。君子之遇小人，政不可不慎。近日楊、左之御魏璫，是其鑒也。

周公章

才足觀美，便是「其餘」，一念爲才所動，並「其餘」亦用不着。故曰：「妝歛聰明還造化，雖無才美亦周公。」

或曰一犯驕吝，其大本已亡，縱其餘做得驚天動地，亦不足觀。○或曰韓子曰：「天生聖賢，非使之自有餘而已，將欲以補其不足也。」若驕吝，則是自有餘也；雖餘，曷貴哉？

驕者是其器局小，容受不去，故驕者未有不吝。此是一套生事，非驕了又吝也。

至穀章

黄貞父曰：「不志於穀」，非獨利禄不入。三年積學，必有一段經濟可見。此處最易技癢，而略不動心，然却不是枯槁忘世。

管寧、華歆同學，鋤地見金，寧視如瓦石，歆捉而擲之。又常同席，有乘軒過門者，寧讀書如故，歆廢書往視。寧割席分坐曰：「子非吾友也。」如管寧者，方謂之「不志於穀」。

篤信章

篤信的人，又要好學，圓融而不拘執也；守死的人，又要善道，中正而不偏枯也。所以能危不入，亂不居，有道見，無道隱。此都從道力、學力來，不然便爲可恥。

在有學守者，爲「隱」、「見」；在無學守者，爲富貴、貧賤。貧賤算不得「隱」，富貴算不得「見」。上下骨節都通。

君子以天下爲心，至是邦即欲有爲。危可使安，亂可使治；「不入」、「不居」者，勢不可爲，故見機而作也。

在位章

此反證語也，原箴砭「尸位」，非詰責「越俎」。○黨與生於替謀，欲散其謀，當密考工法。

師摯章

張夏占曰：師摯在官之初，每以《關雎》爲亂。蓋知萬化起於閨門，以樂諫也，所以夫子嘆美之。

夫子語太師以知樂，至是慨其去而思之，非徒慨樂也。從無人會此。

狂直章

明是詐僞之人，又借一種假狂簡、假老實以掩飾之，則較之本色雕斵之人又更險矣，豈不可惡！

天生醜婦，裙布荆釵，有何可惡？搽脂抹粉，喬裝打扮，效顰嬌痴，然後可恨！

不及章

「如不及」是趕上前，「猶恐失」是怕落後。語意一氣。

他人息，吾則不敢息；他人休，吾則不敢休。甯戚力學三十年〔一〕，而爲王者師。

舜禹章

舜禹不與，非敝屣天下之謂也。舜憂勤，禹胼胝，上爲君父，下爲蒼生，未嘗視爲己之天下，而以己與焉者也。若只以輕視天下爲「魏魏」，則巢由何遂不如舜禹？○飢溺繇己，政是以己與天下，不是以天下與己。鹿臺、鉅橋，克剥天下以奉己者，是以天下與己者也。

則天章

夫子贊《易》曰：「大哉，乾元！」與此「大哉」同，所以云「惟堯則之」。「魏魏」是贊堯，不是

〔一〕甯戚，原作「戚甯」，據《吕氏春秋》等改。

言天。饒氏曰：「則之」，如《易》與天地準，相與平等，非取法也。「成功」、「文章」不可並對，「文章」自在「成功」内看出。中間加一「也」字，語意自明。「煥乎」從「巍巍」内又抽出言之耳。

才難章

不曰「事紂」而曰「事殷」，不曰「文武之德」而曰「周之德」，此中皆有關係，聖人一字不妄。十亂内婦人是邑姜，武王后，太公女也。人多不曉。馮爾賡曰：斗膽拈個「亂」字，凌厲千秋，横絶一世。後來開基賢主，誰肯摽亂臣自居？武王獨以之告天下萬世，安得謂武王非聖人？此借唐虞以形周，非美唐虞也。「唐虞」二句，不是唐虞之際較於斯爲盛，是言惟唐虞之際及於斯爲並盛耳。一邊君臣相際，一邊父子相際，總是千古無兩，語氣順歸重周一邊。劉端甫曰：文王身上推本后稷來，則周之宜王在唐虞之際着眼，無人拈破。

無間章

張無垢云：擔板人多見一「間」，聖人心思甚周旋，方知大禹同夫子彼此觀之「無間然」。「無間」就兩「吾」字上發之，於夫子尚論意煞有味，從無人破。

唐伯虎云：「禹」字中有一掀板，下有一底板，不得一直唱下。有虞氏禘黄帝而郊嚳，祖顓頊而宗堯。夏后氏則禘黄帝而郊鯀，祖顓頊而宗禹。放命圮族之一罪人，儼然與天地相配，此時禹亦有大不安處。故進粗糲，御枲緼，居茅茨，刊山濬川之事，與此身相爲終始。無非身自貶損，以幹父之蠱，以孝思感動天下萬世，乃得濟我父於明堂之位，而享兹苾芬者。此禹之痛心，禹之大孝也。

罕言章

是「罕言」，不是「不言」；是「利與命與仁」，不是利、命、仁。蓋謂利固罕言，命與仁亦與利而罕言，記者不欲以理欲混説，故着二「與」字。

達巷章

孔子謂「大哉堯之爲君」，「民無能名焉」。達巷黨人却説「大哉孔子，博學而無所成名」，尊之極矣。孔子也不説個「大」，也不説個「博」，也不説個「名」，只就平常技藝事，自己籌度一番，見無之非學，無之非名處，此際冲漠意思，非言能傳，故只須在「子聞之」、「謂門弟子」七個字上着想。

達巷黨人即項橐，七歲而爲孔子師。「大哉孔子，博學而無所成名」，是孔子一生第一像贊，與儀封人「木鐸」一語，都是開世人不敢開之口。夫子知己，無過此兩人。

麻冕章

説「拜上」，先説「純」，志始變也。聖人惜繁縟之意隱然。言「下」，所謂定、哀之間多微詞耳。

「儉」之一字，是聖人從變禮中勉强看出他一段好處。若呆講，實講，便誤認「速貧」、「速朽」之語。

絶四章

夫子自言「無可無不可」，與此同旨。劉元城曰：孔子、佛氏之言，相爲表裏。孔子言「毋意，毋必，毋固，毋我」，而佛言「無我，無人，無衆生，無壽者」，其言若出一人。

子韶云：以毋爲絶絶非毋，自謂門人見處疏。若使聖人真個絶，不知毋理却如何？

文在章

管東溟曰：玩「天之未喪斯文」，當指贊《易》一事説。《易》始於羲皇，爲萬世文字之祖，文王演之爲辭，故羑里不足以死文王。夫子韋編之披，文在兹矣，匡難如何害得？

陽貨曾暴於匡，夫子弟子顔尅時與虎俱。夫子適陳過匡，顔尅御，匡人識尅，夫子貌又似貨，匡人以兵圍之五日。孔子乃和琴而歌，音曲甚哀。有暴風擊軍士僵仆，於是匡人乃知孔子聖人，自解去。

蘇子瞻曰：「居患難而不戚戚，此與木石何異？」「文不在兹」即「吾道非耶」之語。一番憂疑，一番提醒，吉凶與民同患。

多能章

楊復所曰：此夫子親口語也，而後人不信，又必曲爲之説，亦大可笑已。蓋太宰原知聖學不貴多能，故問子貢曰：「夫子聖者與？何其多能也？」疑聖不必多能也，而子貢之言尚多夾帶，未見徹底澄清。故夫子謂「太宰知我」，正是點化子貢處。當與《多學而識章》參看。

「固天縱之將聖」與「川之方至」、「日之將升」同解，不作謙詞。

子貢多能，聖人調伏子貢，亦以多能，蓋以繡毬馴獅子法也。故昔人有言：曾子以秋陽、江漢説夫子，祇成得曾子之夫子；孟子以小魯、小天下言夫子，祇成得孟子之夫子；子貢以多能、天縱言夫子，亦祇成得子貢之夫子。如盲人摸象，得耳者以爲如簸，得鼻者以爲如杵，得牙者以爲如槊：摸得一體，皆以爲象。其實象之全體，非盲者所能揣摩得也。

鄙夫章

鏡無相而相現，江無影而月來，風入竅而于喁，鍾受擊而響徹，全體無，故全體有也。隨問隨叩，叩不由我，隨叩隨竭，我亦不留。「吾有知乎哉？無知也。」

極矣。

鳳鳥章

鳳巢阿，麟游苑，都是帝王祥瑞。明王不作，世莫宗予，及至獲麟揜泣，涕下沾袍，感慨極矣。

子見章

聖人畏大人，故見冕者必趨。因其可敬而敬之，於我何與？此際渾然自在，風波不起。孟子藐大人，故曰「我何畏」。彼胸中有個我在，便見賢人巖巖氣象。

喟然章

「高」、「堅」前後，正「末由」光景，前後總是一個機關，纔接得「喟然」神氣。若把前節做未到手説話，是叙體，不是囦地一聲境界。

作此題者，顔子口中不露一「道」字，方是高手。

此時顔子肢體皆墮，心目盡忘，如探龍得珠，珠既在手，還想龍穴，已不知何處。道妙心機，從「末由」句中一齊見出。凡謂顔苦孔卓，並未達一間者，何啻説夢。

楊貞復謂：以「博」去分别心、愛憎心，以「約」去依傍心、執着心，可省「博」、「約」之旨。

管登子曰：「末由」即夫子自道，過此以往，未之或知處，乃「乾元統天」之學也。夫子所以有「見其進，未見其止」之惜。

顔子卓立，蓋三十而立也，分明一個夭亡聖人。

徐子卿曰：或問顔淵既欲罷不能，又何言「莫由」？余云：如塑佛像，雖能使生意流動，儼然如活，要得靈感，孰知其由？畫龍者之點睛飛去，莫道無此事，畢竟無此法。

周季侯曰：凡人到心力莫用處，始發之嘆。「喟然」二字，正「欲從」、「末由」之真景象也。記者以此擬其神情，絶有可想。

丘毛伯曰：兩「彌」字，一「忽」字，正是立卓之境，此是悟後譚迷。乃嘆道語，非求道語；乃既得語，非初入語。

此顔子離却保母，放下拄杖時光景。俗言大象生下小象，比長成，大於象母，豈可使之入象母腹中耶？且「末由也已」，豈是没法的話，蓋如行者到家，自然止息自家，主人陡地出見，雖欲從人，不可得已。「所立卓爾」，已是聖人「成位乎中」力量。

爲臣章

此與不肯厚葬顔子一個念頭，蓋君道師道，夫子知其有分耳。何必復借君道以爲重乎？後來曳杖逍遥，歌泰山，歌梁木，臨終一段光景，何等灑落，何等超曠！乃以「爲臣」辱吾「臣之手」、「二三子之手」，語極有味，固知後之以文宣王謚孔子者，俱不知孔子者也。孔子，子由學問如此粗淺！

美玉章

「沽之哉」，「沽」字破他「藏」字；「我待賈」，「待」字破他「求」字。就其言而答之，子貢有意，夫子無心。

夫子許子貢以「瑚璉」，子貢諒夫子爲「美玉」，是其兩下自相欽重處。

出處之際，只一「待」字，何等平正，何等圓成！

居夷章

王陽明曰：不必說「所居則化」，此言礙了，中國君子可夷狄、可患難，無入而不自得。九夷之陋，於君子何有焉？故曰「何陋之有」。

徐子卿曰：說不得爾爲爾，我爲我，陋自陋，居自居，若然，則君子且不得爲君子矣。要明白說個君子能到處不陋的把柄，纔有下落，不然，則夫子亦似與人掉口，涉柳下之不恭矣。

泰伯句吴，箕子朝鮮，未嘗不是居夷。聖人至此，自有妙用，不要太說得毫無作用。若只要避地避人，何必遠去中國？

樂正章

鄭夾漈曰：仲尼編《詩》，爲燕享祭祀之時，用以升歌，而非用以說義也。古之詩，今之詞曲也。惜作者每於正樂無着，只似序詩耳。

此章是正樂，不是正《詩》，非殘缺失次之謂也。舞佾、歌雍，皆是不得其所。

湯霍林云：《雅》、《頌》皆周天子樂章，即孟子所云「王者之迹」也。惓惓興周，不得已寄周於魯，去衛、在陳之後，無限感慨。一正樂，再作《春秋》。噫！苦矣。

古樂存於魯，變風始於衛，故孔子正樂，適值自衛反魯，看官着眼。

何有章

李卓吾曰：「常人以爲易者，聖人以爲難，此其所以爲聖人。」人細細體認，只一入孝出弟，穿衣吃飯，有多少不恰意處，莫被自家草草瞞過。

孔子説個「事公卿」，孟子説個「藐大人」，此是聖賢分量。

川上章

本文只一句讀下。「如斯」，「斯」字即水也，聖人分明謂道體不息若斯水也，千年來未有人窺破。

楊復所云：「逝者如斯夫，不舍晝夜」，是一句嘆惜光陰之語。説者都説道機化機，反説遠了，細細體會，當自得之。

孔子去魯而操《龜山》，蓋嘆道之止而不行也。在川而嘆逝者，蓋嘆道之行而不止也。桓子野見山水佳處，輒呼「奈何」。夫子於此，亦有一往深情。「『木猶如此，人何以堪！』攀枝執條，眩然流涕。」曹孟德伏櫪之歌，劉荊州撫髀之泣，皆同此意。

一簣章

「進」、「往」不是浪前，九仞之形，胸中已算定成局，故一切不能阻撓，就方覆時神情言之。譬如爲山，若先説進，後説止，便是强弩之末無轉勢。惟先説止，隨後説進，衰而復起，絶而復生，有無限鼓舞人意思在。

英雄草創，不階尺土；定霸興王，咄嗟立辦；勝國君臣，般樂怠傲。振一旅之師，發一介之使，尚且不能。一着不到，大事去矣，此是功虧一簣。

不惰章

語時精神醒發，流暢活動，勃勃乎不能自已處，是「不惰」。蓋描寫出妙解形狀，不可説行時不惰。

駿馬走坂，自不能停留一步，若待鞭影，尚是駑駘。

惜乎章

李肅敏公嘗問人以此章義。對曰：「惜他尚涉程途，未得到家耳！」公欣然曰：「正合鄙見！今人皆爲『止，吾止也』之『止』，但知聖賢終身從事於學，而不知自有大休歇之地，則『止』字不明故也。」朱子曰：「顔子未到那成就結果處。」

顔子絶塵而奔，尚未到收繮勒馬。

謝上蔡曰：學者些有所得便住，顔子善學，故孔子有「見其進，未見其止」之嘆。須百尺竿頭，更進一步始得。

秀實章

兩「有矣夫」，謂其出於常理之外，嘆其不應有此，令人思其所以有此之故。一直説下，不可兩平。

五穀不熟，不如荑稗，可惜壞此穀種。

丘毛伯曰：夫子欲人在根本上用功，人心如穀種，必培植灌溉而後漸生發，漸充滿。若不在根本上用功，甚至不秀不實者亦有之矣。説得煞甚警醒。

可畏章

「焉知來者」句，爲後生賈壯，又爲後生加鞭。「無聞」二句，即就後生當下説。蓋老大傷悲，全由少壯不努力，不是直到四十、五十時。

朱子云：「人三十以前長進，三十以後進不多。」余謂長進亦自不同。三十以前如草木初生，氣勢勃然，一日改變一日，却也有許多不中用的，須芟削始得。以後則開花結果，雖不多，到此纔好商量實際。

松柏之姿，經霜彌茂；蒲柳之質，望秋先零。不必到四十、五十方見分曉。

法語章

無「從」、「悦」，引不出「改」、「繹」來，只要他做到底。「末如之何」是激發語，不是絶望語。

楊復所曰：今人混帳，都作「巽語之言」讀過，殊不知「與」字極妙，謂即以「法語之言」、「巽與之言」耳。一字變化而文章條理如此。

危言與言遜不是兩樣，或委蛇其説，或滑稽其詞，此處政當思繹。若「法語之言」，直捷痛快，止有從不從而已。

徐子卿曰：「繹」字不須講深了，即「繹如也」之「繹」。巽言，元不曾觸犯人，既歡喜了，須是常常作此想頭，絡繹不絕，自然停當。總之，從而改是斬得斷，悦而繹是緝得長。

志帥章

不曰「聖賢」而曰「匹夫」，借小信之夫，以尊言志也。三軍奪帥，亦非易事，若還太説容易，反顯下句不出。

安民不肯鐫名黨碑，便是匹夫不可奪志。

緼袍章

此即佛家破執之説。蓋一執，則非獨未得者不能進，即已得者亦塊磊不化之物矣。老子曰：「人知善之爲善，斯不善矣！」亦即此意。學問無窮，尚在言外。

李卓吾曰：「何足以臧」，叫他去想，是道也，緣何便「足以臧」？不是又説他「不臧」，是要挑他如斯而已乎念頭處。天龍問祖師：「道在何處？」祖師曰：「道在女指上。」天龍終日兀坐，看其一指。祖師從背地持利刃截去一指，天龍大悟。

歲寒章

楊椒山曰：松柏雖歲寒不凋，然色視春夏則少異矣。及至春夏，欣然蒼翠，若與桃李争芬者，視歲寒時又異焉。不知歲寒之色爲本色耶？春夏之色爲本色耶？則松柏者，固隨時異矣。然則吾人之操，當出乎松柏之上，然後可。

射干以依托見榮，樗櫟以不材終老，通人達識，曾無定名。然留夷、揭車，自不與蒼葹相匹。所謂薑桂之性，老而愈辣。提舉洞霄宫，曾何繞指耶？

歲寒後凋，是聖人慨嘆俗眼識鑒何遲！若是法眼，見松柏，就曉得是後凋。鐵骨剛腸，一見即决，何待歲寒始有知已也。

知者章

「惑」、「憂」、「懼」三字皆從心。人知慕智、仁、勇之名，而不知本於心，故夫子特爲拈出，其實「不惑」、「不憂」、「不懼」，總之一不動心也。名雖三分，心則合一。

三樣人皆能擔當大事，大事臨前，屹然不動。若是智者，明晰事理，故「不惑」。若是仁者，毫無愧怍，故「不憂」。若是勇者，膽氣過人，故「不懼」。

孔子陳蔡之厄，子貢不惑，顔子不憂，子路不懼，若孔子則毫不芥心，窮通得喪，視若寒暑風雨之序矣。

共學章

「共學」、「適道」、「立」，皆曰「可與」，獨於「權」，只一「未可與」而已。何也？曰：神而明之，存乎其人，稱量推移，心手互换，可相視莫逆而卒非我與之也。

自有從權之説，而凡言權者，半出於智謀術數。不知聖人言權，必在於「適道」與「立」之後，則此秤是一條準秤，然後可以權衡萬物。

唐棣章

倪鴻寶曰：「吾常終日不食，終夜不寢，以思，無益。」使聖人爾時欲求證佐，必引此詩。可知「遠」與「不遠」二義俱無不是。〇《埤雅》云：「唐棣一名栘。凡物之華，先合而後開。唐棣之華，先開而後合。」故《小雅》之詩以之興兄弟。

查伊璜曰：凡詩之作，本於思。説懷人，一偏耳。思則得之，無邪之全義也。從來推此章作風流解，此獨要歸道德，踞躡廬山之顛。

鄉黨章

「唯謹」，就「便便」中形容一直下，不作轉語，總見聖人敬事朝廟，所在便便言中。若下慷慨論列等語，便不是聖人之言矣。

朝與章

對下大夫不狎不傲，對上大夫不兢不絿，總是聖人以一身維持朝常處。

使擯章

按擯禮：司儀掌擯詔，以儀容詞令揖讓之節，立東南，揖，以將命。門止一相，入唯上相，贊。主送賓，賓自告辭。則是揖趨二節，是擯之定禮。「復命」一節，是夫子之創禮。且按禮召擯，原命自司寇。記者獨易一「君」字，會聖人尊君之心也。

公門章

不曰「君門」，而曰「公門」，當時私室高張，人見有事君盡禮者，方以爲諂。此時揭一「公」字以別之，明夫子之敬，非第一人之私敬耳。

執圭章

時作都重執圭之敬，「敬」乃無適不然，亦何必説，但請問執圭所幹何事？章旨全在修和上。二三節要重看，其一種綢繆燕好之情，正是代君修和所在，首節不過叙個頭繇耳。

按禮，執天子之器上衡，國君平衡，大夫綏之，士提之。夫子代魯公執圭，則當平衡。《贊大行》曰：圭，公九寸。圭上端不過揖，圭下端不過授，近作「手」有上下者，非。

孔子仕魯，未聞專聘。定公十年冬，叔孫州仇如齊，子或以五戒往，執信圭其在此時。

衣服章

董思白曰：以前記夫子容貌，每着一「如」字、「似」字，見有莫可形容之妙。以後記夫子衣服飲食，每着一「必」字、「不」字，見有從容中道之妙。

《詩》云：「蒙彼縐絺，是紲袢也。」彼是蒙之於外，此是衷之於内，總紲袢意。我輩持身直與女子一般矜飾，方可言君子。○絺綌皆葛爲之，精曰絺，粗曰綌。

王逸季曰：行清潔者佩芳，德光明者佩玉，能解結佩觿，能決短佩玦。故孔子無所不佩。

「緇衣」、「羔裘」，是各從其類耳。若必從朝聘祭而言，則《詩》云「緇衣之宜兮」，又是私居聽政之服；「庶見素衣兮」，又是喪服。狐裘黃衣概指常服，絶不指定何處衣何色也。

漢詁云：《士冠禮》曰：「皮弁，服素積，緇帶，素韠。」注曰：「此與君視朝之服。」魯自文公不行視朔之禮，孔子恐其禮廢，故每於月朔，必衣此視朔之服而朝於君，所謂「我愛其禮」也。

明衣章

楊見宇曰：明衣，日之所服者，白晝如對玄冥也。寢衣，夜之所服者，夢寐可通鬼神也。

飲食章

此書實與《素問》、《神僊服食》諸籍相爲表裏，孰謂聖人之書不足以尊生也哉？

鄭介庵問陸文量：「魚餒肉敗，何以不直曰魚爛肉腐？」文量曰：「魚之爛自内出，如腹之餒；肉之腐自外入，如軍之敗。」

「割」乃宰割之割，大夫無故不殺牛，士無故不殺犬豕，非所割而割之，即不正也。如以爲切肉不方正，陋矣。〇《禮》云：「瓜祭上環，食中，棄所操。」食瓜亦有祭，訓「必」字者非。

論「祭肉不出三日」即不宿肉也。蓋凡祭，先一日宰殺，祭又是一日矣，若再宿肉，是出三日矣，故復申之曰「祭肉不出三日，出三日，不食之矣」。注解非是。

蘇子由曰：終食之仁，吾於祭食見之矣。

正席章

葉少藴曰：天子之席五重，諸侯三重，大夫再重，此以數爲正者也。席南鄉北鄉，以西方爲上；東鄉西鄉，以南方爲上，此以方爲正者也。有憂者側席而坐，有喪者專席而坐，此以事爲正者也。

鄉人章

孔子曰：「吾觀於鄉而知王道之易易也。」居鄉，正聖人極致謹處。尊高年，重王制，無非狀其恂恂虔恪也。

此章只是鄉人飲酒，近日時文俱講做鄉飲酒禮矣，將聖人一段居鄉恭謹之意，盡行抹煞。

問人章

醫不三世，不服其藥。聖人慎疾，見到就説，總出無心，不是致疑，亦非沽直。

要在倉卒不及計較之時看，若斟酌於貴人賤畜，何異説夢！

廄焚章

《金罍子》言，「廄焚」乃孔子之家廄也。《雜記》云：「廄焚，孔子拜鄉人爲火來者，拜之，士一，大夫再，亦相吊之道也。」以斯知之。蓋使當時若焚魯廄，則路馬、國馬亦自須問。〔一〕

君賜章

禮：臣接君，必於阼階。病不能而東首，亦阼階之意。若曰「受生氣」，豈獨君視之爲然？

朋友章

己施於友而無所吝，友施於我而不鳴感，方是道交。然不曰「朋友死，於我殯」，中間着「無所歸」三字；不曰「朋友之饋，雖車馬不拜」，中間着「非祭肉」三字，此正聖人大有分寸處，不徒

〔一〕此段原補寫於上一條末。

爲俠烈之交而已。

高軒駟馬，何等赫奕，只消不得一拜。《絶交論》，覺客氣；《乘車戴笠歌》，覺婆子氣。「一死一生，乃見交情；一貴一賤，交情乃見。」「於我殯」，無死生也。車馬不拜，無貴賤也。今亡已夫！

寢居章

大舜，烈風雷雨弗迷，中流一柁；仲尼，迅雷風烈必變，把得柁牢。故大舜兢兢業業，仲尼樂在其中。古來聖人戰兢即自在，自在即戰兢。會得此意，便可有天下而不與，入磨涅而不化。

升車章

《曲禮》曰：「車上不廣欬，不妄指，立視五巂，式視馬尾，顧不過轂。」記此二者，見夫子無地不以禮自持處。

古人惟安車乃坐，婦人不立乘，餘皆立乘，故遇有敬事，則俯首傴躬，以手憑於車前之衡木，以致敬，謂之式。若後世之坐乘，則手加於軾，即如隱几相似，謂之傲惰，而非所以爲敬矣。

古今異宜，此亦其一也。《金壘子》〔一〕

造化全體，聖人與萬物同藏，故見龍可作《圖》，見龜可作《書》，即見兔亦可作《易》。悟得此意，山梁雌雉便與河濱龍馬一般。

雌雉章

《春秋》終於獲麟，嘆雉與感麟同意。

孔子自衛將入晉，至河，聞趙簡子殺竇犨鳴犢及舜華，乃臨河而嘆曰：「美哉水，洋洋乎！丘之不濟此，命也夫！」子貢趨而進曰：「敢問何謂也？」子曰：「竇犨鳴犢、舜華，晉之賢大夫也。趙簡子未得志之時，須此二人而後從政。及其已得志也，而殺之。丘聞之：刳胎殺夭，則麒麟不至其郊；竭澤而漁，則蛟龍不處其淵；覆巢破卵，則鳳凰不翔其邑。鳥獸之於不義，尚知避之，況於人乎！」遂還，息於鄒，作《槃琴》以哀之。此是夫子「翔而後集」實録。

〔一〕此段原寫於浮簽。原在《子路章》末，據其内容移至此。壘，原誤作「纍」。

四書遇

（明）會稽張岱著

下論

先進章

後進之於禮樂，只求觀美，繁文褥節不知增入幾許。故見先輩之樸素渾厚，反鄙爲野人。如近時之冠婚喪祭，稍用古儀，人皆姍笑。非聖人砥柱中流，如何肯用？

今觀孔子廟祭所用禮樂，蕢桴、土鼓、籩豆，鏰美與近時制度相去天壤，便見後先風氣。

陳蔡章

徐玄扈曰：唐虞之際有君臣，成周之間有父子，夫子陳蔡之厄有師友，皆千古奇會。楚昭王將以書社地七百里封孔子。子西沮之曰：「王之使使諸侯，有如子貢者乎？」曰：「無有。」「王之輔相，有如顔回者乎？」曰：「無有。」「王之將率，有如子路者乎？」曰：「無有。」「王之官尹，有如宰予者乎？」曰：「無有。」「且楚之祖封於周，號爲子男五十里。今孔丘述三王之法，明周、召之業，王若用之，則楚安得世世堂堂方數千里乎？夫文王在豐，武王在鎬，百里之君，卒王天下。今孔丘得據土壤，賢弟子爲佐，非楚之福也！」昭王乃止。聖門一時人材濟濟，原不減周時，先後疏附，世人那得不亥目視之。

助我章

張侗初曰：鏡合鏡，兩影相涵；火合火，一光齊照。絶對待，則無議擬矣。回也，悦不在言，夫子亦言於無言。遺言而無言者，傳也，又何「助」哉？

王陽明曰：聖人以「助」望門人，亦是實話。蓋道本無窮盡，問難愈多，則精神愈顯。聖人的言語，本自周遍，但有問難的人，被他一難，發揮愈加精神，豈不是「助」？顔子無所不悦，既無問難，即聖人亦寂然不動，無所發揮了，故曰「非助我者也」。

孝哉章

李衷一曰：按《韓詩外傳》，閔子爲後母所苦，冬月以蘆花衣之。父知，欲出後母。閔子曰：「母在，一子寒；母去，三子單。」遂止。閔子不得於其母與弟也，外人皆知其孝。迨後其母與弟爲其所化，亦皆稱閔子之孝。外人之言與父母昆弟之言無間矣。蓋閔子之難，難於母昆弟稱之爲孝耳。

袁了凡曰：孔門弟子無稱字者，此獨曰「孝哉閔子騫」，乃内外素有是稱也。若曰：「孝哉閔子騫！人不間於其父母昆弟之言。」下句「言」字正相應。

余常論帝舜雖千古大孝，却多了父頑母嚚二字。閔子之孝，政使人並不知我何如孝，方是人無間言。

白圭章

南容初以富得罪於定公。夫子曰：「喪，不如速貧之愈也。」容因之而散施。及從夫子至周，聞老子曰：「聰明深察而近於死者，好譏議人者也；博辨宏遠而危其身者，好發人之惡者也。」遂三復「白圭」。

孔子入太廟，見金人銘而悟慎言，與之同意。

好學章

葆光而藏，簞瓢陋巷；應機而出，禮樂爲邦。顔子不試一官，不病其缺於事業；不著一書，不病其缺於文章。若譚性命安頓處，不在外邊種種之事，故曰回也好學，「今也則亡」。顔子死，而聖人之學絶。

請椁章

館人之喪，不難脱驂；顔子之死，不肯買椁，夫子豈如此恝然？曾子疾革，門人曰：「華而睆，大夫之簀與？」曾子遽起易之，且曰：「君子之愛人也以德，二三子之愛人也以姑息。」正於此章可參。

「以吾從大夫之後，不可徒行。」鯉與顏回身不爲大夫，自應有棺而無椁，政是其機鋒相對處。

喪予章

李崆峒曰：非止悼傳，亦以占廢也。凡王之興，天必與之佐，孟子所謂「其間必有名世者」。故益稷佐禹，伊朱佐湯，呂佐文武。天豫生之，雖烏冰、牛巷、空桑、寂濱必成全之，而寘之王側。夫聖門王佐，止顏子一人，今也早死，不天喪予而誰喪哉！

子慟章

王宇泰曰：宜慟而慟，是哀之發而中節也，然而不自知其慟，則渾然未發之中也，故曰「毀不滅性」。

厚葬章

問：顔子死，夫子何以止門人之厚葬？曰：豈惟止之哉，蓋傷之甚焉。曾子臨終，命扶而易簀，曰：「吾何求哉！吾得正而斃焉，斯已矣！」夫大聖大賢，其處死生之際乃如此。

鬼神章

蕭惠問死生之道。陽明曰：「知晝夜則知死生。」問晝夜之道。曰：「知晝則知夜。」曰：「晝亦有所不知乎。」曰：「汝於旦晝間，懵懵而興，蠢蠢而食，終日昏昏，只是夢晝。唯息有養，瞬有存，天理常存，惺惺無間，纔是知晝。」

侍側章

群賢皆任道之器，故高明弘毅，卓犖不群〔一〕，夫子之樂，政爲吾道幸耳。門人記之，是一

〔一〕犖，原作「牢」，據文意改。

篇杏壇雅集圖記，將聖賢樂育氣象，筆筆描出。

家南軒曰：孔悝被劫，子路死之，何謂不得其死？始擇之不善，若比干可謂得其死矣！然則求生害仁者，謂之不得其生可也。

「子樂」，只就目前相聚一堂。「誾誾」者、「侃侃」者、「行行」者，便有可樂，初不着意念其間也。萬寶成而天心豫，子孫賢而祖父寧，群才匯而聖人喜。

長府章

「長府」者，帑藏也。曷爲爲之？將益其賦，故廣其藏也。其曰「魯人」者何？是時政不在君，而出於三家，故賤而「人」之也。

沈無回曰：凡敝政之興，有其幾而未有其形者，君子言之太早，攻之太鋭，不足以止之，反激之使行。閔子不斥改長府之非，而第言舊貫之不必改。夫子亦不必深言閔子之意，而第言夫人之有言必中。老成謀國，憂深慮危固如此。

由瑟章

夫子説出升堂入室來，則這輩門人，分明是門外之人矣。前言「丘之門」，便自立崖岸。

舒碣石曰：夫子別其瑟爲「由之瑟」，峻其門爲「丘之門」，只以「由」字、「丘」字相照，不必增入「北鄙」、「中和」等語。「奚爲」二字，乃詰其聲音之所自來，使由知所自悟。原是警省語，不是鄙薄語。

《家語》曰：子路鼓瑟，有北鄙之聲。孔子聞之，謂冉求曰：「先王之制音也，奏中聲以爲之節流，入於南必歸於北。南者，生育之鄉；北者，殺伐之域。昔舜造南風之聲，其興也勃焉；紂爲北鄙之聲，其亡也忽焉。由也，無意先王之制，而習夫亡國之聲，豈能保其七尺之軀哉？」冉有以告子路。子路自悔，不食七日而骨立焉。孔子曰：「由知改過矣。」

孰賢章

語下暗暗有一「中」字，然「中」字却未説破。錢岳陽曰：「文章無過火病，只有不及病，其過火處，政是他不及處也。」可想此章之義。

吾徒章

周公未嘗以富名，而曰「富於周公」者，記者之微詞也。季氏掊克公家以自封殖，漸有傾魯之勢，故曰「富於周公」。

孫淮海曰：冉有聚斂，非如後世箕斂之法，只緣他學術未純，纔仕季氏，便以政事之才施之，即爲處置調度，以爲職分當如此。不知季氏非可附益之人，不但富於周公不可附益，雖不富亦不可附益也。故夫子深責之。

揭出「吾徒」二字，覺桐江一絲，真可繫漢九鼎。

柴也章

四「也」字，聖人呼名，多少珍重，多少愛惜！

曾子真實是「魯」，後人見他後來地位高，只管爲之回護，謂「參之魯」猶「回之愚」，不知聖人當時以「柴也愚」、「師也辟」並論，分明是「魯」矣。分明説是「魯」，亦何傷，適足以顯其學力之勇，能繇學以至聖，而天下之學者，庶乎知所勵也。

屢空章

道如覆盂，本空無有，以示射者，或舉諸物，或言無有，即言無有，未嘗不中，然多却一射，不若明了本空者，默然無言。但既料得無有，一發覆便是，故聖門近回者，賜也。回，自「庶乎」説到「屢空」，自内説出。賜，自「貨殖」説到「屢中」，自外説入。此是回、賜優劣。

善人章

從來印板刷來，模子脱出，不是神明妙用。善人憑性地發揮，不依典要，不傍程途，豈非天資第一流人乎？神而明之，本由深造，此際火候，蓋難言之，所以天分、人工，要在兼到。

論篤章

「論篤」中未始無君子。「者乎」二字，政是隱隱問心的語氣。不抹殺君子，則疑案反是定案。

詐僞之人，其發言必懇款篤摯，人方動聽。

兼人章

駿馬收繮，駑馬加策，總見聖人駕馭之法。一叙一述，語意宛然，見記者手筆之妙。學問止有進法，更無退法。余觀射至彀滿縱送時，向下一煞，其去愈遠。退之適所以進之也，人不可不知。

畏匡章

姚承庵曰：「匡人其如予何？」夫子知天意，不必死於匡人之手；「子在，回何敢死？」顔子知夫子必不死於匡人，可見聖賢自信相信處。

具臣章

季氏用由、求，原以大臣待二子，由、求仕季氏，亦以大臣自待，故爲之强兵聚斂，大展才使。夫子曰：「可謂具臣矣。」蓋教之以具臣，而仕季之道得矣；仕季之道得，而大臣事君之道亦得矣。夫子少年亦曾仕季，當其爲委吏，則曰：「會計當而已矣。」嘗爲乘田矣，則曰：「牛羊茁壯長而已矣。」未嘗於職分之外，少爲越俎，故曰「具臣」。若直貶「具臣」爲無用之臣，恐二子亦不肯受。

當爲「大臣」則爲「大臣」，當爲「具臣」則爲「具臣」，便是以道事君。當爲「大臣」決不爲「具臣」，當爲「具臣」決不爲「大臣」，便是「不可則止」。

姚承庵曰：「然則從之」，不知意欲何爲，夫子危言以折之，可以落奸雄之膽。

徐儆弦曰：由、求之仕季氏，作田賦則從，伐顓臾則從，旅泰山則從，所不從者，特弑父與君耳，故曰「具臣」。

惡佞章

季氏不即叛魯，以費人屢叛季耳，使騫使羔，求以鎮撫之也。子羔宰成，而成人不敢悖禮，其宰費，必稱所使。夫子責由，其有隱憂乎，曰「賊」曰「佞」，言外皆有深意。

千古聖賢經綸手段，今日不消借之明日，此事不消移之彼事，元無成見可以預參，亦無死局可以先定。曾點此時實實見得到此否？

曾點四子言志，當日四子只各就本色信口說出。聖門別無粧點伎倆，只曾點氣象在當下日用平常自好。然它却信不過，後來再一問，便覺他胸中走作。若是顔子，曾子自然直下承當，決不再問三子，討個高下矣。夫子到後應它，亦只説三子爲國爲邦，絶不把曾點再與較量，此意極微。曾點念念要與三子比量，所以不能信受「喟然」之意。大凡學問，要當下自己信得。三子若信得，只「有勇」、「知方」、「足民」、「爲相」，却都是春風沂水，夫子何曾不許他？若信不過，恐怕春風沂水也是口頭三昧，不是性地風光。所以曾點只叫做一個「狂」，不曾用得着。

楊升庵曰：點，狂者也，本有用世大志，知世之不我以也，故爲此言銷壯心而耗餘年。此風一降則爲莊、列，再降則爲嵇、阮。

曾點因種瓜而傷曾子之額，撲之仆地。如此暴戾，豈是春風沂水襟懷？所以畢竟自信不過。

季叔爾蘊先生作全章題，立二柱曰「裁勇」、「裁狂」。現成有是二語，所以爲妙。

克己章

「一日」字最可味，舍此「一日」不下手，永無下手之期矣。百事都始於「一日」，况爲仁乎？袁七澤曰：所謂「己」者何？即下文「視」、「聽」、「言」、「動」是也。「己」、「禮」非一非二，迷之則「己」，悟之則「禮」。「己」如結水成冰，「禮」如釋冰成水。故釋冰即是水，不別求水；「克己」即是「禮」，不別求「禮」。下文「非禮」四句，政是「克己」工夫；「回雖不敏」二句，政是「由己」工夫。

楊復所曰：或疑「仁」不必説到天下，此夢語也。正爲「己」與「天下」二家，所以聖賢拈個「仁」字；「爲仁」，便欲「己」與「天下」還爲一家，所爲「復」乃見天地之心也。「天下歸仁」，已畫出一個渾渾成成全體的人來，只是不曾點睛。「請問其目」，政是點睛法也。「視」、「聽」、「言」、「動」，件件皆「己」用事，人若離「視」、「聽」、「言」、「動」，如何「爲仁」？「己」離不得，所以説「由己」；「己」着不得，所以説「克己」。蓋「己」爲形色之「己」，形色爲主，則「視」、「聽」、「言」、「動」都是「己」；能主宰得形色，則「視」、「聽」、「言」、「動」都是「仁」。直捷簡要，轉盼不同，故其工夫只在「一日」。

王龍谿曰：世傳金丹用逆，不知吾儒之學亦全在逆，顏子四句便是用逆之數。收視反聽，謹言慎動，所謂「不遠之復」，復於此矣。

或問二「己」字同異。顧涇陽曰：下文已自解得明白，曰「非禮勿視」四句，便知「克己」「己」字，曰「回雖不敏，請事斯語矣」，便知「由己」「己」字，何必再下注脚？〇曰「請事斯語」，則語不爲空言矣。

仲弓章

徐自溟曰：此心期可以對人，曰見賓；此心期可以對天，曰承祭。邦家無怨於己，乃己心通於邦家也。世界缺陷，即是此心不曾圓滿。

上言「復禮」，此言「大賓」、「大祭」；上言「克己」，此言「不欲」、「勿施」；上言「天下歸仁」，此言「邦家無怨」。與顏子所言，有何分別？

方文伯曰：「不欲」、「勿施」，即是「見賓」、「承祭」之心，不分存發。「邦家無怨」，即是「不欲」、「勿施」之心，不分人己。

程子曰：入廟思敬，是未入廟時先有不敬也，須從此得解。

訒言章

不曰「訒言」而曰「言訒」，此是指現成者説。夫子非教它言上做工夫，政教它於所以忍言處着力。

聖人是説仁者之言，司馬牛是説言者之訒，何啻天壤！

憂懼章

薛敬軒曰：君子對青天而懼，聞震雷而不驚；履平地而恐，涉風波而不懼。

晉郗超曰：意之所安，則觸遇而夷；情之所闗，則無往不滯。因此而言，通滯之所由，在我而不在物也。

兄弟章

李衷一曰：大抵司馬牛處兄弟之間，決有未盡道處。子夏此言分明欲牛自盡恭敬，以感其兄魋，不是教牛舍却自己兄弟，結交他人也。意謂君子能盡個恭敬，雖四海之内，都是兄弟。疏者尚可親，况親者乎？「何患無兄弟」，當從自己兄弟看，不當從「四海」看。

問明章

張侗初曰：人心觸之不動，便是虚空妙明，光照萬里。「浸潤」、「膚受」，乃眼前鬼怪百出，所謂「山鬼之伎倆有限，老僧之不聽不睹無窮」，豈不是「明」？豈不是「遠」？故曰：「體寂若太虚，用照同白日。」

重覆「浸潤」三句，最有意味。蓋一時不行，止可謂「明」；到底不行，方可謂「遠」。

兵食章

此章止説常變，説不得經權，兵可去，食可去，而信不可去，正是立萬世之經，如何可説權？

湛甘泉曰：何以「去兵」也？藏兵於食，信也。何以「去食」也？兵、食去而信存，可與民效死也。「去」字無力，猶云少得那一件。

張侗初曰：聖人不諱兵、食，只要民信。後世不求民信，便屬富强。「自古皆有死，民無信不立。」千古生死，立案如山。信得過，一刀兩斷。張巡、許遠之守睢陽，與此三説政可並參。

急急然足兵、足食，而民疑之者，荆公是也。赫赫然食足、兵足，而民疑之者，商君是也。分作三件看爲是。

文質章

通章以救世立論，俱是重「質」意。子成欲去文以存質，子貢欲留文以辨質，總之皆爲質地耳，不必過爲貶駁。

「惜乎」二句一直説下，如云惜乎夫子之説君子，一言既出，四馬難追矣！與上文「君子」二字呼吸相應。

盍徹章

唐宣之曰：夫子嘗謂魯國之勢「不患寡而患不均，不患貧而患不安」。哀公之不足，非不足也，蓋由禄之去公堂而入三家也。「徹」法行，則分田制禄各有定制，三家亦且制於什一之中，而不得聚斂百姓矣。此有若之微意也。

問「百姓足」。曰：治國猶種樹也，欲榮其上，必溉其下，下枯而上則焦矣。君上而民下，只一樹也。

崇德章

子張問「崇德」，只思量從外邊尋些東西來崇我的德，夫子只向心地上説了去。子張問「辨惑」，只思量載了自己的聰明去辨别人家的惑，夫子只向自身上説將來。此是因人施教，而救其所失也。

齊景章

姚承庵曰：自古及今，未有大綱不正而可爲國者。君臣父子之對，即正名於衛之意。四者並言，而君爲臣綱、父爲子綱，煞有責成景公意在。

景公此時，所謂危葉易風，驚禽易落，一聞夫子之言，感慨咨嗟，幾與牛山之泣同其酸梗。

折獄章

小邾射以句繹奔魯，曰：「使季路要我，吾無盟矣。」千乘之國不信其盟，而信子路之一言，其言之取信若此，故曰「可以折獄」。

聽訟章

「折獄」，是服其心於事後；「無訟」，是化其意於辭先。潛移默奪，瓦解冰消。《易》曰「作事謀始」，猶是落一層話。

賢人「折獄」，聖人「無訟」，此是聖賢階級。總之，爲民上者無他謬巧，只是大事化爲小事，小事化爲無事，便吃着不盡。

子張章

張侗初曰：氣力强幹，未必根性地而出；篤實敦厚，恐不能盡事而施。惟居曰「無倦」、行曰「以忠」是退藏處，天行不息而作用處，皆真性流行也。此爲純王之道。

黄葵陽曰：天地悠久之化，堯舜兢業之神，正可於二句中理會。子張是務外的人，故勉它以内外如一。

成美章

謂君子成就人，小人妒忌人，尚是第二念。君子、小人各自見其本性，自然如此不同。伯夷見飴，用以養老；盜跖見飴，用飫户樞。此是發於性情，别人攛掇不得。

帥正章

「政者，正也」，是夫子解説「政」字的意義，有做個樣子的意思在，人已盡攝其中。「帥」有倡率之義，須從振紀綱、肅名分説，方切康子身上。

患盗章

丘瓊山曰：豐世無盗者，足也；治世無盗者，肅也；化世無盗者，順也。真西山曰：上有衣冠之盗，然後下有干戈之盗。

德風章

康子纔説「殺」，孔子便説「善」； 康子欲殺惡人以成善人，孔子便欲化惡人而成善人。此正是以德易刑之旨。康子如金剛努目，欲以攝伏群魔； 孔子如菩薩低眉，欲以慈悲六道。

康子動一殺念，如火之欲焚，夫子宛宛提出「善」字，如冰之解熱，蓋欲其化不善而爲善也。曰「風」曰「草」，挽見民之易化，不消殺得。

聞達章

「聞」、「達」之辨，開口便錯。夫子自言「達」，子張自言「聞」，故「夫達也者」、「夫聞也者」兩句喝起處須着眼。聞者自彼聞，聞從外而至； 達者自我達，達由中而出。

李九我曰：「下人」不在外面聲音笑貌，乃深入思慮上，故曰「慮以下人」。此是馴擾血氣的工夫。

「色取」正與「質直」反，「行違」正與「好義」反，「居之不疑」正與「觀察下人」反。兩邊對勘，真僞自别。

上説一「質」，下説一「色」。胞胎之中，便判男女。

舞雩章

「德」字、「慝」字、「惑」字皆從心，一心去先事則「德」日起，專心去除惡則「慝」日消，耐心去懲忿則「惑」日解。大抵聖賢教人，只在心上做工夫，不在外邊討求。或曰攻惡則「德」日進於潔净，懲忿則「德」日底於光明。

仁知章

張侗初曰：天下大仁，原是大智做的，仁人大機大用，動變在手，都從「智」出。「智」分別處，方能鼓舞天下也。賞罰不明，取舍不當，賢不肖混立於朝，千古不能治天下。可見「仁」、「知」原是一件，説不得相成。

問友章

李衷一曰：「不可則止」，非棄之也。機未投，且俟之，尚可後圖。若數而至辱，不惟重友之過，且恐因此自絶，無可望矣。始終是欲成就之。

輔仁章

凡日用可見處都是「文」。與朋友應接，言動周旋，刻刻處處，有個粲然者在。而就其粲然中有真切不容自已處，如血脉在四肢，如春光在紅紫，生生不斷，這個是「仁」，故曰「矧伊人兮，不求友生」。須知生我者友也。

先勞章

張侗初曰：曰「先」曰「勞」，把百姓分内事，全副精神，獨力承當，更有何事？若説「請益」，已自倦矣，故只下一轉語。○夫子不説如何「先」，如何「勞」，而第曰「先之，勞之」，要件件責成在自己身上，可想見其精神之整頓處。

「無倦」正所以成其爲「先」、「勞」，易視「先」、「勞」，便是倦根。

王荆石曰：真有「先」、「勞」之心，便無時可了，便一毫加益不得。此語極妙！曰「先之，勞之」，二「之」字原歇不得手。

有司章

姚承庵曰：論政者，貴識體。「先有司」三句，是政之大體。「舉爾所知」，而所不知者，付之它人，亦舉賢才之大體。蓋仲弓得力，全在一「簡」，故夫子亦與之言「簡」。

主用人說，蓋不曰赦罪，而曰赦過，則所謂「過」者，非下民也，亦明屬有司類矣。

正名章

聖人以「正名」救衛亂，如孟子以「不嗜殺人」一天下，都是窮其病之所始而藥之。藥到病除，聖賢初非誑語。○古來亂倫滅紀之朝，必大肆殺戮，以箝服人心，故單舉「刑罰不中」來說。如我明靖難朝，只爲不正不順，蔓抄赤族，不知殺害多少生靈！

徐自溟曰：衛君只緣其有一念苟且得國之心，故於祖孫父子之名俱不顧恤。夫子直頭道破，正欲去其苟心，以發己所以「正名」之意。

農圃章

老農老圃，畢竟非君子之所托業。樊遲胸中實有是癖，故又特爲點出「小人」兩字，以破其學問種子。下節全要把大人經世大學意説得透徹，若只講上下感應話頭，便顧奴失主。

誦詩章

古人讀書，只一句一字，且終身用之不盡，何況誦《詩》三百乎？乃授政不達，不能專對，與兩脚書厨亦復何異？故程子曰：「凡人未讀《論語》時是這樣人，讀過《論語》時仍舊是這樣人，此人只當不曾讀得《論語》。」

《詩》載十五國之風，東西周之正變，凡民風、吏治、山川、土宜，無所不備，故應「達政」，應「專對」，又非學《詩》可言之説。語云：「登高作賦，可以爲大夫。」即是此意。

身正章

唐使楊綰爲政，郭汾陽聞之，方盛筵宴客，遂徹座間聲伎十分之四。「不令而行」，此是一證。

魯衛章

世解「兄弟」，都把魯、衛不好事來較量，不知夫子本意，正爲周公、康叔之遺風猶在，而無振起之故。嘆其衰，有惜之意，有望之意。

以下三章皆適衛之語。夫子見其居民富庶，有用衛之思，故有是言，不得純用慨嘆。

居室章

姚承庵曰：三「曰」字只形容他心裏的口氣，善處全在三「苟」字、三「矣」字。「苟」者猶俗云將就歇的話，「矣」是止於是而不復過望之詞。

李衷一曰：公子荆之富，自是其本分應有的。假如欲厭而逃之，如陳仲子矯節甘貧，却又未善。

「始有」未至於「合」而曰「苟合」，「少有」未至於「完」而曰「苟完」，「富有」未至於「美」而曰「苟美」，故曰「不以欲速盡美累其心」。今人先把始有作合看，既合而曰「苟」，是貪也，非知止也。可笑。

適衛章

沈無回曰：「庶矣哉」三字，夫子即不言「富」、「教」，而無窮情事已盡備其中矣。想夫子出口時，直是經綸滿宇宙。○張侗初曰：庶而富，富而教，萬古經綸，只在車上問答。○兩言「何如」，見聖賢惓惓爲民之意。「富」、「教」二字只是保其「庶」，因衛而發，不必粘着衛民。

「庶矣」一嘆，有低回留連之意，單作悲感語，便是一紙萬重。

用我章

周季侯曰：夫子實見得當世時局儘可挽回，故斟酌於期月、三年之間，定個程期，非只以此解當年「累世」之嘲也。夫子意重「三年」句。

魯用孔子，至三月而魯國大治，此便是「期月而已可也」之效驗。孔子生平何嘗肯打誑語！

善人章

周季侯曰：時至春秋，專尚殘酷，一片俱是殺業世界。夫子慘然有痛於心，故慨然遐想古人之言，謂不必聖王制世，便得善人亦可以勝殘去殺，此一字一滴淚也。「誠哉」一句，全要體貼此意，説得懇切，若只着贊嘆口氣，恐猶未盡。

王者章

「王者」謂興道致治之王者，非受命之王者也。此「仁」字與它處不同，是教化浹洽，無一人不貫徹底意思。漢之高、惠，至於文、景，周之文、武，至於成、康，皆是其候。

正身章

專爲大夫而發，爲「政者，正也」下一注脚，又爲「子帥以正，孰敢不正」下一轉語。

退朝章

季氏議朝政於私家，儼然是賈似道半閒堂與賓客姬妾評論軍國大事。夫子佯爲不知，乃與之辨政與事。雖借此言以警季氏，悟冉有，亦欲存此義於天地之間，便是後日作《春秋》張本。

一言章

真西山曰：大禹言君臣之義，蔽之以「克艱」之一言。孔子告定公之言，與禹若出一揆。子思之告衛侯曰：「君之國事，將日非矣。君出言自以爲是，而卿大夫莫敢議其非；卿大夫出言自以爲是，而士庶人莫敢議其非。」此所謂「唯予言而莫予違也」。苟如是，未有不亡。可不戒哉！

桀、紂之世亦生龍逢、比干，千古來安有莫逆？但就其意所樂推之，必有誅忠崇佞之事。只此一念，儘足喪邦，何論善之不善矣。「如其」、「不亦」，猶云倘其如是，尚未喪亡耳。

葉公章

《家語》曰：子貢問政於孔子，曰：「昔者齊公問政，夫子曰『政在節財』。魯君問政，夫子曰『政在諭臣』。葉公問政，夫子曰『政在悦近而來遠』。問政同，而所答異，何也？」子曰：「各因其事也。齊君爲國，奢乎臺榭，淫乎苑囿，五官妓樂，不懈於時，一旦而賜人以千乘之家者三，故曰『政在節財』。魯君有臣三人，内比周以愚其君，外距諸侯之賓以蔽其明，故曰『政在諭臣』。夫荆之地廣而都狹，民有離心，莫安其居，故曰『政在悦近而來遠』。此三者，所以爲政殊矣。」

莒父章

做事第一要耐煩心腸，一切跌蹉、蹭蹬、歡喜、愛慕景象都忍耐過去，纔是經綸好手。若激得動，引得上，到底結果有限。

直躬章

周季侯曰：「直」者，率其最初第一念而出之者也。纔落第二念，早已有轉折矣。在父子相隱，卒然夢寐之中，亦自如此，不必着擬議而後隱也，故曰「直在其中」。注「不求爲直」四字，説得直截醒快。

春秋時亂臣賊子，小則抗君父，大則弑逆，總是要與君父講道理耳。聖人説出父子至情，政是誅心之法。

樊遲章

湯霍林曰：通節須打成一片看，末句乃是從上三句而緊煞之詞，猶「造次顛沛必於是」意。必到夷狄不棄，方是無不恭，無不敬，無不忠，而合之即是無不仁。

行己章

士人行己，恥己之不爲聖賢，不是空空抱歉，此中有許大作用在。當其爲使，則恥辱君命；當其居鄉，則恥不孝弟。必信必果，亦只是爲不肯無恥。今之從政，大都皆無恥之流矣，故不足算。

說個行己，便不得舍却四方，空談性命，故知尼山相士，定取其實實有益於天下國家。

中行章

「與之」，是與他恁麽？只看「狂者進取」，吾便可與；「狷者有所不爲」，我便可與。有爲二人落落，不必更得「中行」，已足全肩擔子矣。

湯宣城曰：不要把「中行」形容狂狷不好，聖人實見得狂狷好處，故特地思他。

無恒章

「恒」以恒心說好，不可把不可爲巫醫作「羞」字。此「羞」爲内出之愧，非人奉而進之也。無恒之人，他心中已無定主，故「羞」謂之曰「或」。

和同章

君子城府不立，町畦不設，而坊表自存。小人形迹可忘，衣裘可共，而臭味自別。其間分寸，自判公私。

鄉人章

沈無回曰：子貢「鄉人皆好」之問，已隱然入鄉愿窠臼中矣。「皆好」，不可求之；「皆惡」，非本意也。夫子以鄉人之善不善者答之，鄉愿遂無站脚之處。

韓求仲云：鄉人有好惡，亦有善惡，故取人者，不當以好惡之善惡爲善惡，而當以善惡之好惡爲好惡。已自明了，有何葛藤？

易事章

君子氣甚熱而面甚冷，百計投之，不能中其所欲，而意在憐才，待人未嘗不恕。小人色甚厲而心甚荏，曲意逢之，無不得其歡心，而意在求全，待人惟有一刻。○世間正氣人物，自然面目嚴冷，只是大肚皮熱心腸，人人好服事他，更覺汪洋千頃耳。

泰驕章

「泰」從道德生來，「驕」從意氣使出，要知吐氣揚眉與睟面盎背，自不可同年而語。

近仁章

程子曰：只爲輕浮巧利的，去仁甚遠，故以此爲「近仁」。此正與「巧言令色」相反。

切偲章

張侗初曰：「士」元是大涵養的人〔一〕，切偲怡怡，不過渾成圖畫，朋友兄弟亦是自然流出，肖物而付耳。有分別處易見，無分別處難知。

〔一〕大，原作「太」，據張鼐（侗初）《寶日堂初集》改。

即戎章

七年要有着落，聖人、君子、善人、有恒，世間現成有此四項人。聖人七旬，而能格有苗；君子三年，而能有勇知方；恒人十年，而能生聚教訓。則善人功候，剛在七年。蓋其所教，原不爲即戎，而禮義既明，戰陣自勇，即以從戎，亦無不可。作者全要剔出「亦可」二字。

教戰章

桓文後，大都角力争鬥，驅民於鋒鏑，不識「教」之一字，故夫子上説「善人教民」，此説「以不教民戰」。「教」則可以即戎，「不教」是謂棄之。然則民之死於兵，非兵也，我也，言甚愷切。

憲問章

葛屺瞻曰：有道則當建白，無道則當拯救。即未仕，而其具亦當預辦。那一時没有事做？單言「穀」者，絶不做事，即俗云吃飯過日子相似。不但食君禄，即家食亦是，「穀」字不可解作「禄」字。

克伐章

卓去病曰：夫子於千乘立朝説事功，當不得本體；於清忠説名節，當不得本體；於此處説工夫，當不得本體。非以「克、伐、怨、欲」爲不足，爲難也。

懷居章

管登之曰：「懷居」即懷土，謂私其身於一家，而無天下國家之志也。

耿楚侗曰：俗情濃艷處淡得下，俗情苦惱處耐得下，俗情勞擾處閒得下，俗情牽絆處斬得下，斯爲學問真得力處。

危言章

宋羽皇曰：通章重「行」一邊。君子處有道，固「言」與「行」而俱危；即無道之世，「行」亦危而不變，所「孫」者，特言語之間少檢點以出之耳。清其質而濁其文，弱其志而强其骨，此正見君子經綸之妙。

李卓吾曰：「邦有道」，「危言」在「危行」之前；「邦無道」，「言孫」在「危行」之後。「危言危行」，「危」字在「言」字之上；「危行言孫」，「孫」字在「言」字之下。多少斟酌，多少變化，不可不知。

有德章

此專爲人之以言飾德、以勇冒仁者發，就中别出誠僞，不重「言」與「勇」，全是要人充養在内。

張侗初曰：「必有言」、「必有勇」，要看個「必有」二字。無言亦言，無勇亦勇也。若有言有勇，既有矣，便不必有德，不必有仁。

南宫章

孔子作《春秋》，有案而無斷，據事直書，其是非付之千秋萬世已矣。夫子之不答南宫适，亦是此意。

南宫括之言是惠吉逆凶，積善餘慶，積惡餘殃，實事實理，既斬世人僥倖念頭，且掃我輩感慨意氣。何復子曰：欲超世者，不可無此一段志趣；欲維世者，不可無此一段議論。

「羿善射，奡盪舟，俱不得其死」爲句，不當如「由也不得其死然」例。蓋由也未然，而羿、奡則已然也。〔一〕

君子章

「有矣夫」是想像億度之詞，不得泥實。此是夫子提醒人心語，正所爲危微之辨。君子如日月之食，明見其不仁，故其仁自在；小人未嘗不假借名理，自附於仁，然正所以濟其不仁也。「未有」二字是決詞，是決不開小人以依傍之門，使小人有所遮飾也。

勞誨章

此是教人忠愛，不是闡發至情。蓋「勞」、「誨」是爲父爲臣者所不足，故夫子醒之。李卓吾曰：愛子，故曰「愛之」；自忠，故曰「忠焉」。一字之異，便有無限義味。

〔一〕此段原寫於天頭。

爲命章

王元美曰：鄭國是子產執政。按《左傳》，裨諶三人皆子產所荐。叔向云：「子產有辭，諸侯賴之。」可見子產能用三子之長，不得概作四平。

子產章

蘇東坡曰：管仲勳烈之在人者多矣，而獨言此者，奪邑而人不怨，德之至者也。吾嘗以爲北伐山戎、南服强楚易，而服伯氏之心難。管仲之於伯氏，諸葛孔明之於李平、廖立，蓋古今二人而已。

無怨章

丘毛伯曰：春秋時，富貴者皆驕，驕則逼上凌下，何所不至。夫子傷之，乃曰「貧而無怨」，乃爲難耳！若夫「富而無驕」，即稍知節制者能之，此亦無甚難者，而奈何世之富者盡驕耶？意在言外。

公綽章

下章言「公綽之不欲」，則其人必恬澹廉退之人。故爲老，雖趙、魏亦優；大夫，雖滕、薛不足。

成人章

張侗初曰：智、廉、勇、藝，恰好處便是天性，便是「文之以禮樂」。如衆花釀蜜，成蜜則無花；衆味調羹，成羹則無味。故張子韶云：「須知禮樂非文具，乃是其中造化名。」〇沈無回曰：不曰「禮樂以文之」，而曰「文之以禮樂」，是渾將四子推入禮樂中去，不復見有四子在，故曰「可以成人」。

宋儒馮氏以「今之成人」節作子路語，不獨其語氣相消於本節，「曰」字更有着落，此説當從。

公叔章

徐玄扈曰：時方巧令成風，貪冒不忌，夫子傷之。意文子審有其實，儘可風世，乃貰目以時中，便加人一等矣。夫子亦不意當世有此等人，故曰「其然，豈其然」。若曰：「文子之賢，一至此乎！」夫亦驚愕嘆賞焉耳。若逆料其不能，殊非聖人接引之意。

武仲章

首句是案，下二句是斷，「以防」二字是書法。蓋武仲請後，不得在罪奔邾之時，而在自邾如防之日。意以請而得立，則防猶武仲之防；請而不得立，則將據防以叛。防，非魯之有也。請防之舉，實是要之以必從，故曰「要君」。

此是夫子推見至隱。若説得武仲太狠，則人人知其要矣。「雖曰」二語，不止爲武仲誅心，正慨當時之佚罰也。

晉文章

《楊子卮言》曰：五霸莫大於桓文，桓文莫大於會盟，會盟之舉莫大於葵丘、踐土。然葵丘之會，定天子以安王室，大義也，故曰「齊桓公正而不譎」；踐土之會，挾天子以令諸侯，私情也，故曰「晉文公譎而不正」。

九合章

子糾雖死於魯，實出桓公之所使，故曰「桓公殺公子糾」。「未仁乎」，以心術言；「如其仁」，以事功言。

一匡章

孫淮海曰：匹夫匹婦之諒，不是說召忽之死，是說管仲之可以無死也；非以召忽之死爲未當，是說管仲之不死亦不爲苟生也。

徐自溟曰：仲既能脱天下被髪左衽，又豈肯自寘身於溝瀆？

文子章

張侗初曰：薦賢爲國是美事，况以家臣而引之同仕公室，非其大公無我者能乎？因公叔文子有此事，故贊之曰「可以爲文」，其實不在「文」字上作解也。

公叔文子卒，其子請謚，君曰：「昔日衛國凶餒，夫子爲粥與國之餒者，不亦惠乎？衛國有難，夫子以其死衛寡人，不亦貞乎？聽衛國之政，修其班制以與四鄰交，衛之社稷不辱，不亦文乎？故謚爲貞惠文子。」觀此，則文子謚文，原不爲薦僎起見。孔子謂即此一事亦可爲之文矣，蓋爲《春秋》補一謚法。

衛靈章

仲叔圉三人雖非正人，而皆有一長可取。衛靈公用當其才，尚可以圖存，而况才不止於三人，其君又不若靈公之無道乎？諺曰：「貧家勤掃地，醜婦净梳頭。」也救得一半，則人才之關係於國家也如此。

不怍章

世間大言不慚之人，不必論其向後一無成立。即其抵掌而談，毫無愧怍，一種虛憍之氣，明眼人見之，直恁可惡，故夫子説「爲之也難」。即在啓口時，蚤已説破。

請討章

袁了凡曰：孔子非不知哀公之不能討，亦非不知三子之不欲討，而必以告者，欲明大義於三家也。縱無益於齊，而君臣之大防，猶可默奪强臣之魄。

沈無回曰：春秋之世，殺君三十六。討賊之義，泯滅於人心久矣。夫子以告老之大夫，提揭於天下，而萬世之下知陳恒爲漏網之大逆，三家爲未露之陳恒。當「麟經」絶筆之後，而復續出一段《春秋》，夫子之功豈不偉與！

事君章

「不欺」是細細問心之言，見從來折檻碎衣猶然落於意氣。李卓吾曰：知之所不到都是

「欺」，不然，子路安得有「欺」也！

上達章

沈無回曰：從善若登，從惡若崩。理、欲皆有不能自已之勢，君子便住脚不得，小人亦留脚不住。

爲己章

徐儆弦曰：「爲己」，則天地萬物皆屬之己；「爲人」，則形骸耳目皆屬之人。惟「爲己」，故能克己；惟「爲人」，故益失人。

張侗初曰：善不必使人感，但一念恰好者，善也；惡不必使人恨，但一念過不去者，惡也。只此，是「爲己」、「爲人」之別。

寡過章

蘧伯玉與聖人真氣味，千里往來，彼此都是不言而喻，其間使命亦是借景。寡過、未能，一言道着，便如知己面承，嗟嘆之不足，故咏歌之，所謂「使乎，使乎」者是也。

出位章

李衷一曰：此「位」字與「不在其位」二字不同，當以《艮》卦「艮」字理會，注「止其所，而天下之理得」句最好。位在而廢思，與位不在而越思，都是出位。思不出位，不惟盡其分，且亦能定其心，正是君子得止之學。

恥言章

言而過其行者，深爲可恥，與前章不作爲難之言同一慨嘆。

自道章

「不憂」、「不懼」、「不惑」，原是夫子自寫心得之言。説無能，説自道其無能，都是夢語。

陳眉公曰：聖至夫子地位，其自視直與顓蒙無兩體，又何處道其有能？若見以爲能，便非聖人之道；若見以爲能而故謙處於不能，尤非聖人之心。

李衷一曰：不曰君子之道三，而曰「君子道者三」，蓋言君子所道者也。「仁者」、「知者」、「勇者」，三「者」字正領「君子道者」的「者」字。

方人章

鄒東郭曰：學者喜較異同，却錯過了自家工夫，就使較勘甚明，與我何益？譬如總算手收人户百萬税粮，盡在伊腹中，依舊是條窮漢，無勺合受用。

患人章

鄒東郭曰：學而求能，乃爲己之實功。若謂求能以爲人知地，則猶然是患人不己知之心也。

先覺章

「先」字亦要體認，如鏡在此，無物，亦未嘗不照。蓋先有照以待物，非物至而索照也。「賢」字是活字，猶云這個纔好，不指人説。

爲佞章

東門之譏，以孔子爲纍纍若喪家之狗，分明畫出栖栖情狀。孔子欣然笑曰：「形狀，末也；而似喪家之狗，然哉！然哉！」孔子未嘗不以栖栖自任，但微生畝之言，挾長而傲，故不得不以周流本意正告當時。

稱德章

錢緒山曰：士先德器而後才能，馬先馴良而後千里。此夫子重本之論。

何宗元曰：善御馬者，取其力於德之中；善相馬者，嘉其德於力之外。玩本文兩「稱」字，言外煞有深意在。

報怨章

丘毛伯曰：心無所曲爲直，據理爲衡，不曲意以博厚名，不過刻以傷天理。不以修怯之故太索瑕，不以避嫌之故反屈法，是之謂直。

艾千子曰：「怨」字與「仇」字不同。父母之仇，兄弟之仇，君之仇，此不可不報者也。《論語》中「怨」字皆不得與「仇」字較。惟其止於「怨」，則愛憎取舍，一以至公而無私，以直報之耳。

莫知章

袁七澤曰：夫子隨緣任運，着衣吃飯，也不怨天，也不尤人，世謂此尋常下學耳，不知即是上達也。所謂「神功並妙用，運水及搬柴」，此義愈淡愈深。

王陽明曰：凡可用功、可告語者，皆「下學」；「上達」只在「下學」裏。凡聖人所説雖極精微，俱是「下學」。只從「下學」裏用功，自然「上達」去，不必别尋個「上達」功夫。

伯寮章

齊氏曰：魯爲公室之蠹者，莫如季氏。孔子爲政於魯，大率欲裁其僭，而勇於承令，以出藏甲，墮郈、費者，子路也。公伯寮訴子路，固假手以阻孔子，故孔子不爲子路禍福計，而有吾道興廢之説云。

避世章

時至春秋，有聖人之力量，方可用世。若只是賢者，只合「避世」。三個「其次」，皆從不能「避世」之中，又尋出此三項也。「辟地」、「辟色」、「辟言」，真有「色斯舉矣，翔而後集」之意，在聖人亦不可無此見幾。

作者章

語意似頂上「辟世」、「辟地」、「辟色」、「辟言」説來，今之見幾而作者，已有七人矣。於此時，實有天地閉、賢人隱之慨。

石門章

不知不可爲而爲之，愚人也；知其不可爲而不爲，賢人也；知其不可爲而爲之，聖人也。諸葛武侯曰：「即不伐賊，漢亦必亡。與其坐而待亡，不如伐之。」此處真有挽回造化手段。晨門一語，亦是聖人知己。

李卓吾曰：心出世間矣，棄世間而爲巢許也易；心出世間矣，混世間而爲周孔也難。

擊磬章

翁子先曰：「厲」者，危殆也。《易》所謂「過涉滅頂」也。《詩》意若曰深則有厲，當見險而止，非如淺可攝衣而涉也。注「以衣涉水曰厲」，殊不可解。

諒陰章

丘瓊山曰：嗣君委君道以伸子道，百官盡臣職以承相職，此天下忠孝相成之大關也。昔周公負扆以朝諸侯而流言起，則此制不得不變。故康王葬畢遂即位，而漢文以日易月之制，亦世道江河不返也。但服制奪於世變，哀戚本於至情，當於二十七日之後，以衮服居外朝，以衰服居内寢，斯兩全也。

于忠肅曰：「百官聽冢宰，只恐遇操、莽，何以處之？」曰：「嗣主剛明老成，亦可以易制其相。」「如嗣主非剛明老成，又何以處之？」曰：「此須要舉朝忠義矢心，方能使事不摇動而權奸可抑。」

好禮章

人君爲國，約之以法，不若示之以禮。故貢用包茅，田用乾豆，重以蒸嘗，人皆帖服。是以叔孫綿蕝，能尊天子，能治國家。

修己章

「修己以敬」，不是以敬修己，須辨。

安人安百姓，是修己實功，不是修己效驗。蓋「以安人」、「以安百姓」與「修己以敬」，同是一「以」。聖賢看得安人安百姓，是我己中一件吃緊之事，不可推出外邊。

徐自溟曰：病「博濟」，正堯舜之「立達」無有盡處；病「安百姓」，正堯舜之「修己」無有已時。

原壤章

沈無回曰：原壤，蓋老氏之流。彼視父子、兄弟、少長、生死，皆若浮萍之相值，而不關情者，故夫子以立身之道儆動之。

「夷俟」非故意慢夫子，只放於禮法之外耳。昔人云：「禮豈爲我輩設！」壤即此意。

葛屺瞻曰：壤以放蕩狎夫子，夫子亦以狎行其教。取瑟是發汗之藥，叩脛是針砭之藥。

闕黨章

王觀濤曰：「成」字乃成人之「成」，對童子看，非學問有成也。只據他以成人之禮自居，故曰「欲速成」。

「童子將命」，全是消其客氣，教其謙恭。可見聖人教人，只此洒掃進退應對之中，具有良藥。

問陳章

衛靈公逐世子蒯聵而立孫輒，使輒不父父而禰祖，亂昭穆之序，淆父子之名，在異日，宗廟俎豆之間，大有可議，故夫子借「問陳」以示其微，即正名意也。不意靈公不復置問，衛之兵端伏矣，安得不速其去哉？若説寓折衝於樽俎，尚隔一層。蘇子由曰：「孔子以禮樂游於諸侯，世知其篤於學而已，不知其它也。犁彌謂齊景公曰：『孔丘知禮而無勇。』衛靈公之所以待孔子者，始亦至矣，然其所以知之者，猶犁彌也。久而厭之，將傲之以其所不知，故『問陳』焉。孔子知其決不用也，故明日遂行。使誠用之，雖及軍旅之事可也。」

多學章

張侗初曰：對曾子説，是順提宗旨。對子貢説，是逆溯淵源。要知「然」、「非與」一信一疑，是子貢潛移默奪處，夫子從其機關轉捩時一把捉住。指點處，全在「女以予爲」四字上，正所謂現身説法。

王陽明曰：老子曰「道生一」。當其爲道，「一」尚何有也？然「一」雖非所以爲道，而猶近於本；學雖非離於道，而已涉於末，二者則大有異矣。雖然，此爲未悟者辨也，學者真悟多即「一」，「一」即道也，斯則庶幾爲夫子之「一貫」矣。

知德章

子路好勇，全以意氣用事，其用世趨時，未能深心察理，故夫子因病發藥，往往在「知」上較量。曰「誨女知之」，曰「君子於其所不知，蓋闕如也」，都從「知」處救他。即前所云「不得其死」，只緣見理不明，夫子已逆知子路異日必有結纓之事。

無爲章

張侗初曰：帝道「無爲」者，自然也。管子曰：「心不爲九竅，九竅治。君不爲五官，五官治。爲善者，君予之賞。爲非者，君與之罸。君因其所以來因而予之，則不勞矣。」此舜「無爲」之義也。

沈無回曰：狀舜之心則曰「不與」，雖其嗟儆予，袗衣鼓琴，而不可爲之與。狀舜之治則曰「無爲」，雖封山濬川，誅凶舉愷，而不可爲之爲。

問行章

蒙引曰：「子張問行」，問如何便處處都行得。言行從忠信、篤敬流出，忠信、篤敬不依言行而有，故參前倚衡，刻刻皆然，處處皆見，此是自然本體功夫。必如此，纔與天下，可不言而喻，故曰「夫然後行」。

史魚章

二子皆衛扶亂之臣，當重「無道」一邊，見兩人能以氣節相推挽處。史魚之直，全在進賢退不肖見之。然夫子何以謂「如矢」？《易》曰「得黃矢」，又曰「公用射隼於高牖之上」，合而觀之，其義自見。

與言章

此節不重語、默，重在知人之明上。語、默各失其宜，皆緣不知人中來，智者胸中自有藻人之可否，一見自知，故其用言皆乘機而投，如對證用藥。

成仁章

方正學貽禍三族，求一「是」字不得。總之，從忠孝起見，仁之徑路不差。若聶政、荆軻，是殺身以成義，不是殺身以成仁。

利器章

張侗初曰：如何以利器喻爲仁？人含仁種，當念常生，如鎔鐵爲器，原有利體，器借鋒刃於磨礱，仁借變化於型範，即此事發處，都是仁生機流動處。

爲邦章

王陽明曰：顔子具體聖人，其於爲邦，大本大原都已完備。孔子恐其末節或有疏略，故就他不足處幫補説，不要把數件事做天大事看了。

按，《韶》舞兼聲容，然不可以《韶》屬聲，舞屬容。蓋《韶》爲舞樂之總名，而言舞則聲不待言矣。玩「則」字，分明在治定功成之後。

慧山人曰：「樂則《韶》舞」，夫子説到此，不覺神游於其間，故口氣如此。

遠慮章

凡人慮不及遠，以爲可苟目前之安，殊不知所慮不遠，處置不十全，只目前便不安了，遑問久遠？

好德章

朱氏曰：「德」以有德之人言。○李卓吾曰：加「已矣乎」三字，望之愈切矣，不得作絶望看。

竊位章

古人推賢讓能，看得「位」是公家的。知其賢而不與立，分明有媢嫉之心，惟恐賢者見用而逼己。夫子曰「竊位」，誅其心也。

躬厚章

李卓吾曰：不爲「遠怨」而「薄責於人」，理合如此；且「躬自厚」必薄責人，勢亦如此。

如何章

「如之何，如之何」，乃心與口自相商量之詞。率意妄行的人，其病有二：一是躁妄，不肯「如之何」；一是木石，不知「如之何」。聖人即借此三字唤醒，煞是婆心。

黃貞父曰：夫子哀世上不轉念的人，萬事難成，尚未説到臨事審處，其言含蓄而警醒。

小慧章

不曰「小藝」，而曰「小慧」，技藝博奕皆纖，小聰明有以誤之，故曰「人不小智，則不大愚」。

義質章

楊貞復曰：此章君子就養成的説。學至於君子，則資深逢源，淵泉時出，如萬斛之泉，隨地而出，或瀨或湍，或淵或流，隨在得名，水何心哉！「義」、「禮」、「遜」、「信」，自傍人觀之，有是四者之名耳，君子不知也。末句是贊詞。

袁七澤曰：「質」，質幹也，有幹然後枝葉附焉。又「質」，素也，有「質」然後彩色加焉，若不明此個，而務爲「禮」、「遜」、「信」，即做得周全，亦衹是一個硜硜小人，豈曰「君子」？

張侗初曰：此君子全身圖畫也，猶云得我皮，得我骨，得我髓，只是一完全身也。

無能章

此與「不患人之不己知，患其不能也」，只倒得一下。上冒以「君子」二字，便説君子之心深以「無能」爲病，而「不病人之不己知」與「不患」起語作儆戒之辭者有别。

二「病」字與下章「疾」字，切膚之恙，痛癢自知，全不干與人事。

没世章

饒雙軒曰：言「没世」者，生前或可干譽，没後却裝點不得。○王陽明曰：「稱」字去聲讀，實不稱名，生猶可補，没則無及矣。

求己章

王陽明曰：君子之學，務求在己而已。毁譽榮辱之來，非獨不以動其心，且資之以爲切磋砥礪之地，故君子無入而不自得，正以其無入而非學也。若夫聞譽而喜，聞毀而戚，則將皇皇於外，惟日之不足矣，其何以爲君子？

矜群章

世道之禍，莫大於「争」與「黨」，然勢必借君子之名，方能高自標榜，故夫子揭出「君子」二字，爲立異同者藥石。

言舉章

二句總見出古人輕言之意。揚雄《法言》、劉歆《列女》，君子未嘗以其高文典册而躋之聖賢之列。淮南《鴻烈》、不韋《吕覽》，君子亦未嘗以其叛人嫪毐而斥之文學之科。

一言章

姚元素曰：人情於所欲，猶有涉於私者，至所不欲，而其情最真，不欲能勿施，其念亦最公。《大學》「絜矩」只言所惡，亦此意。

毁譽章

楊復所曰：「誰毁誰譽」與無毁無譽不同。「誰毁」猶言毁得那一個也，「誰譽」猶言譽得那一個也，政與下節相應。人惟看二「誰」字不透，並三代處亦鶻突過了。

陸景鄴曰：世説於「所以」二字，全無下落。蓋言民心之公不可欺，三代所以是其是、非其非，而不敢欺者也，而容吾毁譽乎哉？與「誰」字正相應。

闕文章

蘇東坡曰：史之不闕文，與馬之不借人，豈有損益於世者哉？然且識之，以爲世之君子、長者日以遠矣。後生不復見其流風遺烈，是以日趨於智巧便佞，而莫之止也。○按：史闕文，不忍盡書也。爲尊諱，爲親諱，爲賢諱，故有闕，忠厚之道也。必欲詳書，史職雖盡，而仁恕遠矣。

巧言章

言以依附名理而成巧，正所謂似是而非。「忍」有「堅忍」、「含忍」二意，當決斷而處以姑息，則依徊而喪機；當持重而處以憤激，則輕發而敗事。病痛全在一「小」字上。

好惡章

李卓吾曰：「惡」在「好」前，大有義味。「衆好」不察，不過誤得小人；「衆惡」不察，直是誤失君子。

弘道章

朱子曰：道在天地間，人不去弘他，道將焉附？即使爲帝爲王、爲賢爲聖，道未嘗不弘大其人，畢竟是人去弘道，連人纔帶挈得起。仔細思之，還是「人能弘道」。

改過章

一則成誤，二則成過，過而能改，更有何過？季彭山曰：聖人汲汲教人改過，政恐其不及改也。

終日章

黄寓庸曰：偏用思則入虚，偏用學則滯實。心固貫於虚實之間，因其時，履其事，素其位，蹈其常，此之謂「學」。〇韓求仲曰：此正夫子思、學兼用處，若認真道思不如學，便同説夢。又曰：「吾嘗」二字貫到底，纔是真諦。

謀道章

此章專爲分心利禄者説。「謀道不謀食」，是君子主意。謀食者，未必得食，「耕也，餒在其中矣」。不謀食者，未必不得食，「學也，禄在其中矣」。君子看得極透，故但知「憂道」，更不「憂貧」。

知及章

或問：「所見與所守，二者孰難？」先生曰：「所見難。」或曰：「今學者有所見而不能守，則並與其所見而喪之？」先生曰：「不然，只見得不到故爾。如水之溺，火之烈，見之審矣，決

未有入水火者。」《張無垢語録》

王永啓曰：要曉得即及處見是「知」，即守處見是「仁」，即莅之敬處見是「莊」，即動之宜處見是「禮」，非是先設此等名目，然後去用功。

只是「知」有「不及」，便容易間斷。如亡子追父，蕭何追韓信，鄧禹追光武，一追及，如何肯放？「仁」即是「知」之貞常不斷處。

大受章

李九我曰：此在用人者當隨其器局，勿以「小知」責君子，勿以「不可大受」棄小人。一以見君子、小人各適於用，取材貴廣；一以見君子、小人不可乖於用，掄選貴精。

水火章

羅近溪曰：此何以下一「民」字？《詩》曰：「民之質矣，日用飲食。」仁者，民之質也，日用飲食所不可違者。

王觀濤曰：未見蹈仁死，據常理言；若殺身成仁，雖死猶生，又當别論。

當仁章

周季侯曰：千古來積怯只是讓過前人去了，「不讓」兩字，唤醒世人退托之心。

莊忠甫曰：大舜當仁而不讓於親，周公當仁而不讓於兄，夷齊當仁而不讓於君，然則師又奚讓焉！

貞諒章

馮厚齋曰：歷萬變而不失其正者，「貞」也；「諒」則固守而不知變也。自經於溝瀆之中，政是匹夫匹婦之「諒」。

「貞」者，事之幹也。幹，居中植立，靠着一邊不得。若略着邊際，便爲「諒」矣。

事君章

李卓吾曰：但見「敬」字何等精神！不期食之後而自後矣。「後」直是絶是念而不存於胸中，觀注「後獲」之「後」可見。

有教章

聖人曲成之教，如天之雨露，無一不在其滋潤之中，故無有良材惡木、荆棘芝蘭之别。

爲謀章

《伯夷傳》曰：「道不同，不相爲謀，亦各成其是也。」謂天下道理原是如此，自然不相合一，苟得於道，何必强求其同？

辭達章

王元美曰：夫意有深言之而不達，淺言之而乃達者；詳言之而不達，略言之而乃達者；正言之而不達，旁言之而乃達者；雅言之而不達，俚言之而乃達者。故東周、西漢之文最古，而其能道人意中事最透。今只以淺陋爲達，而不知奇正渾噩都有個「達」在。

張侗初曰：須知山下之泉，放乎四海。達者有個本在，惟有本，故達而能止。「達」如流水之走壑，委蛇曲折，盡激湍平流之變。又如草木之始芽，甲坼勾萌，盡化工造物之巧，始爲得之。

師冕章

朱震謁謝上蔡，日已晡矣。謝曰：「好歹與賢輩説一部《論語》去。」震殊疑惑。少頃，謝舉《師冕見章》曰：「聖人之道無顯微，無外内，由洒掃應對進退而上達天道，本末一以貫之。一部《論語》只恁地看。」

王龍谿曰：一部《論語》爲未悟者説法，所謂相師之道也，故曰「及階」，「及席」，「某在斯，某在斯」，一一指向他説。若爲明眼人説，即成剩話。

季氏章

「將」者，謀已成而事未發也。人臣無「將」，「將」則必「誅」。「伐」者，征有罪之詞。此以「伐」書，猶曰季氏以彼爲有罪而伐之耳。

夫子單責冉求，逼他説出真話，「今不取，後世必爲子孫憂」，冉求與季氏所密謀者也。此是自具供狀。

姚承庵曰：季氏伐顓臾，只是一個「欲」字。「欲」便「患寡」、「患貧」，便無魯先王。冉求以子孫之憂，文季氏之「欲」。夫子明大義，以止其「欲」，直從「欲」字究到他蕭墻之憂，見「欲」之必不可肆也。

「有國有家」四字，便畫成一均安圖。又喝「丘也聞」，暗應「昔者先王」，總以周天子、魯先王借來彈壓。

有道章

此章備《春秋》之始終。「禮樂征伐自天子出〔一〕」，是《春秋》以前事；「自諸侯出」，隱、桓、莊、閔之《春秋》也；「自大夫出」，僖、文、宣、成之《春秋》也；「陪臣執國命」，襄、昭、定、哀之《春秋》也。

曰「庶人不議」，隱然有自傷作《春秋》之意，此章專爲大夫專政而發。

顧涇陽曰：以此上，顯誅在上之人也；此以下，陰咎在上之人也。一部《春秋》大半在此。

〔一〕樂，原作「學」，據《論語》改。

三桓章

「子孫微」，不是推測於未然。定公五年，陽貨已囚桓子，玩本文「故夫」字、「矣」字可見。家南軒曰：方三家專公室之禄，而竊魯國之政，本其私意，欲以利其子孫，而豈知其子孫之微實兆於此。

三友章

許敬庵曰：與益友處，如春夏之日，以漸加長而不覺；與損友處，如火之於膏，亦以漸消滅而不覺。

重「友」字，乃我友之也，損益俱主我言；但益友多可畏，損友多可喜，全在自己慎其所擇。

三樂章

二章末後皆有「益矣」、「損矣」二字，有千萬叮嚀告戒之意，所謂「言有盡而意無窮」也。

三愆章

朱子曰：聖人只是戒人言語以時，不可妄發。躁者先時，隱者後時，瞽者不能相時。

三戒章

三者皆血氣用事，君子以性命之學主持得定，便不爲血氣纏擾。

三畏章

李衷一曰：「天命」，即上帝臨汝之命，所謂修吉悖凶是也。「大人」是德望隆重，爲一時師表者。聖言，則方策所載，典、謨、刑、誥皆是。

惟君子知天命，故不敢不畏。《中庸》稱「居易俟命」，《孟子》稱「行法俟命」。夫俟之之心，正畏之之心也。修身爲俟，則凛然爲善，凛然去惡，天人感應，毫髮不爽，君子所以畏天命也。

生知章

張符九曰：知的是恁麽？又是恁麽去知之？知之者異，而所知者同。兩「次」字，如《孟子》「志至，氣次之」，「次」與「生知」不甚相遠。

李卓吾曰：到「不學」方説出「民」字，惟「不學」始謂之「民」耳。可見「士」全在「學」，今之名爲「士」而「不學」者，「士」乎？「民」乎？請自思之。

九思章

楊復所曰：此指人以求「知」之路也。教他零碎思去，自有一個囫圇「知」迸出來。一根既返元，六根齊解脱。

這「思」不是空思想，作爲就在其中。

看「九思」俱有個位在，故曰「君子思不出其位」。

見善章

袁中郎曰：隱非空隱，隱以求其志；行非徒行，行以達其道。如此説，兩「以」字方有着落。

按，春秋之時，不惟無伊尹、太公，便是有伊尹、太公，亦自無湯、武也。孔子一生轍環而老於洙泗，可見矣。故曰求志達道，二者合一，未見其人。自是實語。

千駟章

崔杼弑莊公，立其弟景公，景公不能爲兄討賊，而但涕泣牛山，貪戀富貴，感嘆生死，故孔子以夷齊比倫，只指其讓國一事，全以貧富生死上立論。「不食周粟」，本文所無。

馬君常曰：「民」字提出千古真月旦，所謂三代直道而行也。

異聞章

鍾伯敬曰：「無以言」、「無以立」，看「面墻」二字自明。父子對面至情，若語到此，覺「異」

字反淺。

沈無回曰：有意於遠其子，則不能無意於異其子矣。「遠」與「異」，一私心也。陳亢到底不曾明白。

小童章

首句揭出「邦君之妻」，下説「君夫人」，「寡小君」。「君夫人」段段不脱「君」字，所謂妻以夫貴也，與君齊稱，又見「妻者，齊也」之義。家南軒曰：此正名之意。春秋時，以妾母爲夫人者多矣，甚則以妾爲夫人，如魯、衛、晉平之爲者，名實之乖，一至於此。正其名，所以責其實也。

陽貨章

顧涇陽曰：陽貨瞯亡，是小人羅致之術；孔子時亡，是聖人自然隨應之宜。玩下文「遇諸塗」語，可見聖人未嘗着意。子韶云：當時若説曾窺瞯，何不中途預避之？妙得其解。「山鬼之伎倆有盡，老僧之不聽不睹無窮。」此是孔子待陽貨法。

「時其亡」，原是適當其亡之時耳，聖人何心焉？若孟子説「亦瞰其亡」，便涉作用，不如聖人自在。

性近章

王荆公曰：言相近之性，以習而相遠，則習不可不慎，非謂天下之性皆相近而已矣。

張侗初曰：聖人説「性相近」，較孟子説「性善」覺渾融。蓋聖人尚説習前之性，孟子却説習中之性。子思説「天命之謂性」，是在習前説；「率性之謂道」，則在習中矣。人生墮地纔動，知覺便是習，知愛、知敬都是習始也。試看父母未生前如何？所以曰「相近」。若注云「氣質」，則何啻添萬丈魔！

不移章

唯上知不移，則凡未能上知者可危矣；唯下愚者不移，則凡不甘下愚者可勉矣。

王龍谿曰：聖人立教，皆爲中人而設。

曰「不移」，亦彼自不肯移耳，可見也不干「性」事。

武城章

孔子夢寐絃歌，今得親見，謔之者，喜極也。子游忽然莊語，恐二三子認謔爲真，故以戲言自認，何等圓活！

東周章

公山，氏；弗擾，名，一云不狃，費邑宰也。與陽貨共執桓子。虎敗出奔，弗擾據費以叛。此是定公八年事，非孔子宰中都時事也。至十二年墮費時，弗擾又畔，則孔子方用於魯，豈有欲赴叛人之召哉？

楊用修曰：夫子作《春秋》始於平王，定《王風》於《黍離》，録「西歸」於《鄶風》，采「美人」於《簡兮》，蓋未嘗一日忘西周也。故曰：「吾其爲東周乎？」言如有用我者，肯爲東周之微弱偏安而已乎？意不至於文、武、成、康之盛不止也。

問仁章

高景逸問：聖門求「仁」，顔子是沉潛的，如何聖人在視聽言動上告他？子張是務外人，却又曰「能行五者於天下」？答曰：總是仁體通天下爲一身的。顔子功夫渾成，聖人從天性上點出形色；子張功夫高大，聖人從作用上究竟本體。其實萬物一體，源頭初無二也。

佛肸章

徐自溟曰：通士之爲世累者，曰「磷」、曰「淄」；貞士之爲世拘者，曰「繫」。聖人有通世之權而無其累，有貞士之守而無其拘。

楊用修曰：匏瓜，星名。「繫」者，「日月星辰繫焉」之「繫」也。繫而不食者，即「南有箕不可以簸揚，北有斗不可以挹酒漿」之意。

世有堅白，正爲磨涅地也，更爲不堅不白地也。如避磷淄而稱堅白，只作一自了漢。此削迹伐檀，知我罪我，聽之當世，終不肯爲高蹈一着。

六蔽章

「不好學」則「六言」各自一路，自然有「蔽」。「學」則「六言」通而爲一，如何有「蔽」？蓋「蔽」有「六言」，「學」止一學也。

楊復所曰：「言」字極妙，蓋未學之前，不過外面六個名號耳，未爲德也，所以猶可障礙而爲「六蔽」也。

學詩章

王子繫好《晨風》，而慈父感悟；裴安祖講《鹿鳴》，而兄弟同食。《晨風》、《鹿鳴》非爲父子、兄弟而咏也，而感發若是！雖謂三百篇皆忠孝之什可也。

伯魚章

《詩》則詔以「學」，而「二《南》」則詔以「爲」。蓋「二《南》」之詩，家庭婦女，嚬笑哀樂，王化之始也。「爲」之者，以身行道也；身不行道，不能行於妻子，故曰「面墻」。

禮樂章

禮有時而壞，乃所以爲禮〔一〕；樂有時而崩，乃所以爲樂。由是以思，禮不在玉帛，而樂不在鍾鼓也，益明矣。

馮厚齋曰：「云」而復「云」者，謂人所常言也。「乎哉」，疑而反之之詞。

色厲章

問：「色厲而内荏」，何以比之「穿窬」？曰：「爲他意只要瞞人，故其心常怕人知，如做賊然。」

王氏曰：此有爲之言，曰「譬諸小人」，則指當時之大人也。

〔一〕爲，原無，據上下文補。

鄉愿章

方孟旋曰：「賊」者，言其竊也。竊德之似，以欺一鄉，故曰「賊」。

道聽章

「道聽」者，不聽以心而以耳；「塗説」者，不體諸身而以口。口、耳不是家舍，故曰道、途。

「棄」者，如敗子自棄其家私也。

諺曰：「沿山尋野鳥，屋裏不見哺鶵娘。」可想「棄」字之義。

鄙夫章

「鄙夫」人品陋劣，人多忽之，以爲與之事君，無甚大害，卒至君國敗壞，不可救藥，此皆與鄙夫者致之也。此章不是責鄙夫，是責與鄙夫者。即下二節，實就鄙夫痛駡，也是駡與與鄙夫者聽。

蘇軾告神宗曰：「臣始以爲鄙夫之患失，不過備位以苟容。及觀李斯憂蒙恬之奪其權，則立二世以亡秦；盧杞憂懷光之數其惡，則誤德宗以再亂。其心本於患失，其禍乃至於喪邦。」可爲此章注疏。

三疾章

王觀濤曰：不特美德不如古，即疾亦不如古，有無限感慨。蓋曰「肆」、曰「廉」、曰「直」，猶是本證；曰「蕩」、曰「忿戾」、曰「詐」，則已變而爲别候矣。變證難醫，如何下得針砭？

利口章

不是覆邦家之後，方見利口可惡。總之，一有利口，即足以覆邦家，正見舌鋒之害，慘於戈矛也。故曰「惡利口之覆邦家者」。

以二「也」字叫一「者」字，主客了然。

無言章

或問：「予欲無言」，「性，天不可得而聞」，如何？曰：聖人實是「無言」，學人實是「無聞」。無論聖人，即如吾人日用，光景相對，神情相觸，一得於心，定是描畫不得，急起疾書，已離所得本意十之六七矣。蓋所得本意，原不可以言語傳也。言且不得，況聞之耶？

有問餘杭政禪師曰：「師以禪名而不談禪，何耶？」曰：「徒費言語。吾懶，寧假曲折，但日夜煩萬象爲敷演耳。」言語有間，而此法無盡，所謂「造化無盡藏」也。

孺悲章

「取瑟而歌」，是以聲教也。既已耳提，何必面命？風霆流行，庶物露生，無非教也。天何言哉！

短喪章

夫子遇不忠不孝之人，只以至情上挑剔，使其通身汗下。言及「三年，然後免於父母之懷」，世間孝子、逆子一齊墮淚。

飽食章

心無所用，便是放心；心有所用，便是靈心。放心昏散而外馳，靈心活潑而中歛。雖博奕之猶賢，亦猶挾册者之亡羊也。

尚勇章

勇與義分析不開，所爲勇只在見義必爲處見之，若捨義以言勇，便有正氣、客氣之分。「尚」與「上」不同。曰「尚」，便有以意氣加人意；曰「上」，則宇宙第一等事業，更無加於義之上者。此便是其學問精深處。

有惡章

君子善善長而惡惡短，孔子所惡是悖德者，皆是陽惡；子貢所惡是亂德者，皆是陰惡。聖賢於此微分厚薄，故其所惡深淺亦有不同。

不曰「居下訕上」，而曰「居下流而訕上」，是卑污齷齪之人不揣背謬而好譏訕聖賢，是以可惡。

難養章

女子、小人純是陰氣用事。君子當待以正大光明，不得微分厚薄，便啓釁端。

見惡章

凡人四十曰强仕，聖人四十而不惑，聖人四十不動心。年至四十，心志趨向大約定矣，「見惡」與「無聞」又相懸絶，故曰「其終也已」。

三仁章

顧涇陽曰：或「去」，或「奴」，或「死」，總只一副心腸，各分頭去做。凡皆多方設法爲感悟獨夫地也。

弇州曰：「去」，易也；「奴」，則難；「死」，又難。「死」，不倍仁，易；「奴」，則難；「去」，又難。

就當年設身處地，無限隱忍，無限徘徊，自一味任血氣不得，故不曰「忠」，不曰「義」，而曰「仁」，正道着三子心窩裏事。

三黜章

「士師三黜」，知其不肯殺人媚人，寧甘廢棄，不欲昧心，故曰「三公不以易其介」。

季孟章

以季、孟之間待之，正指尼谿之封一事；指田禄，非指禮遇也。曰「吾老矣，不能用」，則晏子之阻入矣，則一「老」字，有「河清難俟」意，即莫究莫殫之譏也。

女樂章

孔子之用由桓子，而孔子所以治魯者，正欲弱桓子，桓子忌之久矣。齊人窺見此意，以女樂阻之。「三日不朝」，不是魯君荒淫，正是桓子絶孔子諫路。不然，孔子能麾侏儒於壇坫之上，不能麾群婢於國門之外乎？記者特書季桓子受之，使與魯君分過。

楚狂章

艾千子曰：此等題皆《論語》中大題，士子以科場不出小之耳。歌孔子以鳳，惜夫子以已往，規夫子以將來，而慨今之從政者，則當時諸侯、大夫、陪臣爭鬥殺亂之禍，皆在此一語盡之。此楚狂，蓋識世務而静觀天下之變者，故夫子與之言，非特欲挽其隱也。作此題者，當以極正大尊嚴之體，極通達時勢之論，方稱其人，方稱夫子急欲與言之心耳。

耦耕章

顧涇陽曰：天下有一毫不可爲，豪傑不肯犯手；天下有一毫可爲，聖賢不肯放手。

徐儆弦曰：「吾非斯人之徒與而誰與」，見聖人容受天下之量。「天下有道，丘不與易」，見聖人斡旋天下之權。

丈人章

春秋時人皆看仕爲功名之會，故一時高士死心避世，聖賢提出大綱常來，唤醒丈人輩。若仕皆行義，便宜多少斗筲之人！必君子之仕，乃爲行義，此是聖人爲天下正人君子高立地步也。

逸民章

張侗初曰：逸民不同，總是離世，離世世在，世何可離？聖人即世而離世，故曰「無可無不可」。

夷姓，逸名，詭諸之裔也。或勸之仕，逸曰：「吾譬則牛也，寧服軛以耕於野，不願被繡入廟而爲犧。」

朱張，字子弓。《荀子》曰：「彼大儒者，雖隱於窮閻陋屋，而王公不能與之争名，其言有類，其行有禮，其舉事無悔，其恃險應變曲當；與時遷徙，其道一也。其窮也，俗儒笑之；其通也，英杰化之。通則一天下，窮則獨立功名，桀跖之世不能汙，仲尼、子弓是也。」

《雜記》曰：孔子曰：「少連、大連善居喪，三日不怠，三月不解，期年哀，三年憂，東夷之子也。」言其生於夷狄而知禮也。

虞仲次夷齊之後，知其非仲雍也；且仲雍實君吴，何逸民之有？〔一〕

師摯章

非其官之罪也，故書其職；非其人之罪也，故書其名；非其心之亡魯也，故書其地。

周公章

以樹人立論，厚親臣，用大臣，保世臣，器使群臣，周公治魯之家法也。至魯事日非，所謂「不施」、「不棄」等語安在哉？故記者追述之如此，若實就周公口中説，與《魯論》何與？

八士章

雙峰饒氏曰：四乳皆雙生，固爲異事；八子皆賢，尤異事也。故孔子稱之，可見周氏氣數之盛。

〔一〕此段原補寫於上一段末。

三仁去而殷墟，八士生而周熾，此特見商、周興廢之故。八士姓南宫氏，武王命發鉅橋之粟，所謂南宫伯适者是也。伯達則命鑄洛邑之鼎者是。

致命章

真西山曰：「義」、「敬」、「哀」皆言思，「致命」獨不言「思」者，死生之際，惟義是徇，有不待「思」而决也。

執德章

人不知「執德」則可，既「執德」矣而又「不弘」；不知「信道」則可，既「信道」矣而又「不篤」，蓋其心一味虚矯，游移用事，焉能爲世界有無之人。

問交章

王陽明曰：子夏所言是初學之交，子張所言是成人之交，若善用之，亦皆無弊。

小道章

道無二道，通之則爲大道，泥之則爲小道。通之者，即琴、棋、射、御皆徹精微；泥之者，即農、圃、巫、醫總成末藝。子夏恐人拘泥技能，終成曲學，故特詔人以「不爲」，總是子夏篤守之見。

好學章

蘇子瞻曰：古之學者，其所亡與其所能，皆可以一二數而日月見也。如今世之學，其所亡者果何物，而所能者果何事與？

博學章

王宇泰曰：游定夫問「陰陽不測之謂神」。程子曰：「公是揀難的問？是疑後問？」此意可想：從疑情上問，即是切問；從疑情上思，即是近思。

楊復所曰：「仁在其中」，如鏡中有花。且道所學、所志、所問、所思，是仁；即學、即志、即問、即思，是仁；離學、離志、離問、離思，是仁。參之參之，自有覿面相逢日子。

仁不是外面別尋一物，即在吾心，譬如修養家所謂龍虎鉛汞皆是我身內之物，非在外也。故曰：「仁在其中矣。」

居肆章

張洪陽曰：君子爲學就如居肆一般，必終日修習，一心在學問上，務求致乎道而後已，不肯半途而廢，虛費了光陰，方是真實學道的君子。

蘇子瞻曰：道可致而不可求。何謂「致」？孫武曰：「善戰者致人，而不致於人。」循循求之，而聽其自至，斯所謂「致」與。

必文章

陸象山曰：學者不長進，只是好己勝。古人惟知過則改，見善則遷；今各執己見，被人點破便愕然，百計文飾，到底要說個是，以此日流於污下。

三變章

羅近溪曰：君子一心備中和之理，其容貌詞氣之常，皆是心體流行。自觀者見其各中其節，故言「變」，其實君子只是不失其常。

勞諫章

按：「信」在未「勞」、未「諫」之先，全在一段精誠感格上，説到「謗」、「厲」處，不是避「勞」與「諫」，正見「信」之不可緩耳。

大德章

黄勉齋曰：子夏只要歸重大節，言若能先立乎大，則小者便出入些亦不計較，若大節如何可出入得？「小德出入可也」，甚言不可以不務其大，正形容「大德」不可「踰閑」。

洒掃章

「洒掃應對」，便是形而上者，何始何卒，而分本末先後？但在聖人即謂之精義入神，在門人小子即謂之下學。故程子曰：「只看所以然如何。」子夏、子游多未曾明白「下學而上達」一句，只爲他在語言教法上尋求耳，若認得天性，又何同異之有？

楊復所曰：本末原不是兩木，根便是本，木枝便是末，故「本末」二字俱從木字生義。一點收藏在木之下，故成「本」字；一點發散在木之上，故成「末」字。「區以别」猶言「明以白」也，只看草木便知本末，是一是二，自明白矣。「君子之道」九句，總是説本末是一，有本便有末，以破子游支離之説。

仕學章

陳定宇曰：已仕者尚不可不學，則知未仕者必學優而後可仕矣。

此章則重「學」上，仕不仕只是學之證驗。

致哀章

崔子鍾曰：「致」，推而極之也。「喪致乎哀而止」，言無所不用其情而後已。

吾友章

凡爲仁者，只在布帛、菽粟、飲食、日用之間，原不必好高騖遠。若子張之所爲，則可以爲難矣，仁則吾不知也。

并仁章

夫子目子路曰：「由也，升堂矣，未入於室也。」今曾子目子張曰：「堂堂。」「堂」而又復曰「堂」，則高明極矣；「難與爲仁」亦只少「入室」工夫。

親喪章

一「自」字便是天親至情，自然而然，即《中庸》所謂「不思而得，不勉而中」，即孟子所謂「不學而能，不慮而知」。於此見性之善，於此見天命之性。

孟莊章

孟獻子歷相三君五十年，魯人謂之社稷之臣，則其臣必賢，其政必善。莊子年少嗣立，又與季孫宿同朝。宿父文子忠於公室，宿不能守而改之。莊子乃獨能「不改父之臣與父之政」，則是體父公忠而成其未竟，非曲謹無爲者等也。夫子嘉之，煞有深意。

士師章

黄勉齋曰：得情而喜，則太刻之意或溢於法之外；得情而矜者，則不忍之心常行於法之中。

聽獄者，能想到「上失其道，民散久矣」，則自然矜憐，不致苛刻。此是煩熱症中一服清凉丸散。

紂惡章

家南軒曰：紂不道極矣，惟其日積月累，以至惡貫滿盈，猶川澤居下而衆水歸之。君子所以謹之於始也。

張元岵曰：世人看《三國演義》，惟恐曹操不輸，不知是何緣故。

見過章

玉不揜瑕，人不以瑕而賤玉於石；鏡不揜翳，人不以翳而貴鐵於鏡。君子不揜過，人不以過而貴小人於君子。君子之過，真；而小人之無過，僞也。

文武章

「文武之道，未墜於地」，仲尼只是憲章文武，子貢却説他「焉不學」、「何常師」，是形容聖學圓妙處。

江水印月而月在江，盂水受月而月在盂。蓋月無大小，不應作江水、盂水看；賢不賢之識亦如是。

宫墻章

孔子是佛，子貢是菩薩。佛惟清净無爲，而菩薩則神通廣大。外道見其龍象光明，未免認是菩薩勝佛。武叔之見亦是如此。

日月章

「無以爲也」，不是教他不要毁，言毁亦無用。日月，以高言；「何傷於日月」，以明言。《經》曰：惡人害賢，猶仰天而唾，唾不至天，還從己墮；迎風颺塵，塵不至彼，還坌己身。賢不可毁，毁必滅己。

猶天章

袁了凡曰：上言「不可及」，下言「如之何可及」，正發明上意。蓋神化不可名而舉感應言之，正如堯德不可名而止言成功文章也。

人實不能自立、自行、自來、自和，須夫子之「立」、「道」、「綏」、「動」。生人之命脈全繫於夫子。無夫子，則萬古無生人矣。合天下以爲哀榮，方見夫子之得邦家處。〔一〕

堯曰章

徐儆弦曰：許大天下，堯舜以之授受，其所囑付，只是三四言而止，又更無别説，此可想見當時精神契合，宇宙清寧之意。至湯伐桀，便去上請天命，下告諸侯，却費辭説，然亦陳之誓告而已。至武王伐紂，便有許多收拾人心、扶植風紀之事，却費氣力。此見世道人心之變，帝王所以隨時措置，其煩簡之不一如此也。○四者典、謨、訓、誥所不載記者，綴之於後，見治法總不出心法之外。

從政章

「五美」從道心上運用，「四惡」從人心上恣肆。一「尊」一「屏」，法戒昭然。叙此章於帝王

〔一〕此段原在《日月章》末，據《論語》原文移至此。

之後，治統、道統確有淵源。

「五美」下一「尊」字，奉若神明，蓍蔡必欲出乎身。「四惡」下一「屏」字，如荼毒蛇蝎，必不使加乎民。

知命章

三「知」字是通章關鍵，不必以「命」字貫。

「知命」，不全然諉之氣數，毫無斡旋。古人刀鋸在前，湯鑊在後，全無趨避。又説「知命」者，不立於巖墻之下；又説桎梏死者，非正命也。此中大有機宜，大有學問，不是輕輕説一「知命」，亦不是草草成一君子。

《禮記》曰：「禮，釋回，增美質。其在人也，如竹箭之有筠也，如松柏之有心也。」一筠一心，可想見「立」字之義。

要知「知人」處，不只是辨别人品，正是驗自己學力，所以爲難。

四書遇

山陰張岱纂

上孟

梁惠章

魏惠王卑辭厚禮以招賢者，孟子至梁見之，導以仁義，王以爲迂遠而闊於事情，不能用也。初，孟子師子思，嘗問牧民之道何先？子思曰：「利之。」孟子曰：「亦仁義而已矣，何必曰利。」子思曰：「仁義固所以利之也。」「何必曰利」是正説仁義，未嘗不利是權説。一部《孟子》，告人君都是將機就機，只是大主意不肯放手。

徐儆弦曰：「義」、「利」二字，是治道學術大關頭，明此則純王、雜霸、君子、小人皆一時勘破，故《大學》之傳以此而終，七篇之書以此而始。

玄宰云：釋仁義而專言利，固以啓臣子之争端；談仁義而兼言利，亦非所以正臣子之心術。發「何必曰」，甚妙，附此存之。

湯若士曰：上「不奪不饜」，決求利之勢所必至；兩「未有」字，決仁義之理所必至。

沼上章

「賢者亦樂此乎？」只此一問，便有不安之意。孟子不言其非，不掃其樂，就它樂處點化，是何等妙手！諫折柳枝，視此遠矣。

艾千子曰：即此「偕」之一念，胸中之天地自舒，目前之境界自活。「偕樂」處，正是能樂處。

《説苑》曰：積恩爲愛，積愛爲仁，積仁爲靈。靈臺所以爲靈者，積仁也。神靈者，天地之本，而萬物之始也。

夏桀殫百姓之財，爲瓊宫瑶臺、瓊室玉門、肉山脯林，酒池可以運船，糟堤可以望十里，一鼓而牛飲者三千人〔一〕，妹喜以爲樂。關龍逢諫曰：「人君謙恭敬信，節用愛人，故天下安而社稷宗廟固。今君用財若無窮，殺人若不勝，民惟恐君之後亡矣。人心已去，天命不祐，盍少悛乎！」桀曰：「吾之有天下，猶天之有日也，日亡，吾乃亡矣。」遂囚逢而殺之，故《湯誓》有「時日害喪，予及女偕亡」之語。引靈臺而復引此，正是一反一正，且於梁苑十分關切。

盡心章

「王道之始」「始」字，恰與「盡心」「盡」字緊緊注射，「道」字緊與「心」字對。

王弇州曰：先設「好戰」一段，先抹倒梁王虚憍之意，然後告以王道。重「無憾」二字，自古國家千百年受用，只受用得草創時一點人心。此是王道托始處，一落事爲，便不屬始矣。

艾千子曰：「可以衣帛」、「可以食肉」，言富而有其資也。「庠序之教」、「孝弟之義」，則養志在其中，不獨口體矣。「借父耰耡，類有德色；母取箕箒，立而誶詬。」豈皆貧而無其具者

〔一〕飲，原作「飯」，據《韓詩外傳》改。

乎？此教正所以善吾養耳。

項仲昭曰：觀上文「五十者可以衣帛，七十者可以食肉」，可見孝弟之義已寓其中，庠序不過從而申之耳。教與養不是兩橛。

「不知簡」，「不知發」，兩不知見，彼於民瘼絶不關切，何謂盡心？〔一〕

作俑章

惠王求教，而孟子所以教之者，不言爲治之事，只感動其心，教之深也。「惡在其」、「如之何」，令其感而自思。「率獸」「率」字，嚴切。

雪耻章

惠王急於報怨，不顧疲民。孟子教它不可性急，且休養生息，俟其力全而後用之。以我閒暇，攻彼疲敝，自然無敵。正是孟子教以報怨之長策也。勾踐歸越，十年生聚，十年教訓，會稽

〔一〕此段原補寫於上一段末。

一出，卒以治吴。千古報怨，别無二法。

三晉與秦爲鄰。秦地人多土狹，商鞅爲政，其《開塞》、《耕戰》、《來民》、《墾草》諸書，無日不以來三晉之民爲事。蓋三晉之游民日入秦地，則秦地草日墾，而國日富矣。故孟子策梁，首言「不違農時」，又言「百畝之田，勿奪其時」，又言「深耕易耨」，只是分田制産，安其土著之民始，土著之民安，則梁猶可爲也。此是三晉大勢，鑿鑿如此，奈何爲迂遠而闊於事情？

「疑」最害事！人之所以不聖賢，治之所以不帝王者，俱是此「疑」作梗耳。若能去此「疑」，何事不可爲？故曰「信爲功德母」。

人牧章

徐玄扈曰：世豈有嗜殺人之理，豈有嗜殺人之心？只緣嗜利，故嗜殺，如興兵構怨是也。嗜欲故嗜殺，如狗彘食人食是也。人主能回殺機爲生機，則能轉不一爲歸一。

受牛羊而爲之求牧與芻，尚不可立視其死，况爲人之牧而甘於殺人，惡在其爲人牧哉？故不曰「天下之人君」，而曰「天下之人牧」，此「牧」字、「嗜」字中却有深味。

「天下莫不與」，此語甚奇，而實至平。今天下之人牧未有不嗜殺人者也，則是都以天下與人矣，但無取之者耳。若有一個不嗜殺人者出來，真有如水之就下者矣。

吴因之曰：「出語人」正爲天下之人牧也。

吴能天云：鼓元氣而雷域中，騰百川而雨天下，正要人主七八月間用事。

牽牛章

仲尼道桓、文，有力降伏桓、文，不然，世道人心未可知也。故其徒不道，必稱堯舜，是孟子本懷。「無以」二字，大有次第。

「是心足以王矣」，不忍故也。若齊桓、晉文，一則殺子糾於生竇，一則殺懷公於高梁，皆亂而後入，爲利而戕至親。心則忍矣，何以及物？

「是心足王」，不是不忍一牛之心足王，乃是委曲全牛之心，纔足以王耳。下文許以仁術，政此意。

楊復所曰：君子遠庖厨，要看「君子」二字。君子是有仁民之責者，當養其生機，杜其殺機。遠庖厨者，亦爲無萬生靈性命計耳，非爲食其肉計也。若小人者，便日日操刀入厨，亦無能害一人也。故「君子」二字，最爲吃緊。

性地原是活潑神化，就機關轉動甚易。若執定正理，便是死機，只好貨、好色、好樂、好勇，俱是病痛。凡治病决用藥，孟子决不用藥，只借病治病，何等輕鬆脱化！此等學脉，是武王《酒誥》來。

「是誠何心哉？」不知，最妙。惟不知，所以爲仁術。略着意，便是智術。不忍見，不忍聞，君子此心不知其然而然，就是仁術。注中「預養」及「廣」字俱多，種種較量，是數術，非仁術矣！

無罪就死，分明説人，又分明曉得生死，分明曉得有罪無罪。這就是權心根本，是孟子埋根挑剔處，所以説個「若」字。如若只去牛上尋討，面墻對壁不可入，辜負東園一片花。

齊王到此，纔曉得世間人無罪不甘就死，乃轉動一機括。若只在牛上尋，可憐又加上牛的擔子。

管登子曰：齊王不忍觳觫，此際不但無一毫忍心，亦無一毫僞心，故曰「是心足以王」。後章之見孺子入井亦然，蓋孟子真知性善之宗者也。

「緣木求魚」節，破其埋没，如醫人用藥，對症而治。他有個快，便儆之以懼；他有個欲，便示之以災；他有個求得，便惕之以必失。

徐儆弦曰：孟子略道幾句，便能使王笑，又使王悅，又使王笑而不言，又使王曰「吾惛，不能進是」，皆精神鼓弄處，亦一篇中之機關也。

心自有權度，然此間語意不重在權度，而重權度者之心，所以下説「王請度之」。若不分劈清伶，總滿紙如花，只看蒼蠅兒還在紙窗内。

好樂章

焦漪園曰：滿堂燕笑，一人向隅而悲，滿堂之人必慘然不樂，其樂不甚矣。故滿堂燕笑，而無向隅之悲，然後滿堂之樂甚。百姓皆樂而無怨嘆之聲，然後君心之樂甚。

周海門曰：「甚」字下得奇，太極至禮，「太」字、「至」字俱「甚」字意。漢疏：「良知」「良」字，亦「甚」也。

問囿章

蘇子由曰：文王七十里，蓋亦山林陵麓與民共之，而以囿名焉。〇「民猶以爲小」，是孟子自意，東坡云「想當然耳」。

謝象三曰：合事小事大而總歸之天，所以啓人主忌憚之心。合樂天畏天而總歸於畏，所以奪人主好勝之氣。合國與天下而總歸於保，所以破人主忿争之習。「畏天」節不單指保國說，亦不必補出樂天。

張賓王曰：文大而密小，又嘗事小而密終不化，則一怒伐之，是仁者之勇，亦即是樂天所在。武小而紂大，武嘗事大而紂終不悔，則一怒伐之，是智者之勇，亦即是畏天所在。

此時宣王以合從連衡之說交戰胸中，訖無定見。交鄰，其所最吃緊之事，故以爲問。孟子說以大事小者：湯事葛，而後又伐葛；文王事昆夷，而後又伐昆夷。以小事大者：太王事獯鬻，而周人終伐獯鬻；勾踐事吴，而越終伐吴。孟子言此，政自有意。孟子決不以割地事秦之策爲得計也。後言一怒安民，則孟子之芳心盡露矣。明眼人不可不知。

無鹽謂齊王曰：「殆哉！王之圖國也。妾以齊國東負滄海之饒，西按岱宗之險，表裏九河，縱横千里，天下之彊國也。而西向事人，號爲東藩，妾誠惑之。大王誠爲謝連衡之約，擯合從之議，斥游説之士，罷春秋之請，南城瑯琊，則楚人不敢窺薛；北屯千乘，以河爲池，則燕之士馬不敢南向；西盡汶濟，布十萬之師於防鄄之間，則三晉之軍不敢東顧；然後閉關而守，興魚鹽之利，席棗栗之饒，修太廟之教，講管子之法，西向而亢强秦，不及十年，可爲東帝。今大王計不出此，而聽諸侯游説士之談，以合從連衡爲事。從成，則三晉興，楚分其利，齊不能越韓、魏而有秦；衡成，則秦享其成，而齊以空名奔走諸侯之後，是坐而自索也。妾誠惜之。」此言深中齊王之病。

雪宫章

牛春宇曰：惟君所行，不兼今時之弊。晏子已明説先王無流連荒亡了，豈又令君自擇所行乎？猶云臣所陳先王之道，可以爲後世法程至明，惟君力行之耳，非請擇之説也。

看「遵海而南」一句，齊大海東環，南通吴越，北至遼濡，諸山環列，吾欲觀海也，轉附瑯琊，是起止處。

「始興發，補不足」，此時政是景公春游，故止説「補不足」，正從「春省耕而補不足」來。己酉，南畿墨卷都夾雜「助不給」在内，一友人謔之曰：「景公郊居半年，亦甚難過日子。」極妙！

真西山曰：《易》之《大》《小畜》，皆以止爲義。凡止君之欲者，乃所以愛君也。忠臣之心，惟恐君之有欲；邪臣之心，惟恐君之無欲。

明堂章

唐王仁忠議曰：明堂之建，其所從來遠矣。自天垂象，聖人則之。蒿柱茅檐之規，上員下方之制，考之大數，不逾三七之間。「定之方中」，必居丙巳之地者，豈非得房心布政之所，當太微上帝之宫乎？

王臣章

齊之四境不治，皆由王之左右凍餒其民，訟獄繁興所致。其曰王臣負友，士師鰥官，皆因王之左右在前，不容直指，故爲托名，拈此烹阿、封即墨公案耳。王顧左右，亦會此意。無奈一暴十寒，迷惑日甚，齊之所以不治也。

《周禮》：卿士，掌六卿之獄；縣士，掌一縣之獄；而士師爲之長。「不能治士」，就刑獄失宜説。

喬木章

蘇東坡曰：「世臣」，蓋功業德望已信於人，譬之喬木，封殖愛養，自拱把以至合抱，非一日之故也。平居無事，商功利，課殿最，誠不如新進之士。至於緩急之際，决大策，定大衆，呼之則來，揮之則散者，惟世臣巨室爲能耳。

黄貞父曰：昔者以忽略心進人，原無爲國鑒别真才之心，故昔進今亡，何能得賢者之用？「如不得已」四字，真是對昏病下針。

李卓吾曰：非左右、諸大夫不如國人，以左右、諸大夫之爲君，必不如國人之自爲，故可不可總以國人爲憑。

如此然後可以爲民父母，此與《大學》不同：彼重民心，此要得它兢兢業業，就進賢上體恤國人意，方與上「慎」字相合。

獨夫章

宋高宗問尹焞曰：「紂亦君也，孟子何以謂之獨夫？」焞對曰：「此非孟子之言，武王誓師之言也。『獨夫受，洪惟作威。』」高宗又問曰：「君視臣如草芥，臣可遽視君如寇仇乎？」焞對曰：「此亦非孟子之言。《書》云：『撫我則后，虐我則仇。』」高宗大喜。若焞者，可謂善言孟子者矣。

巨室章

「雖萬鎰」，不是説價少，還是説價多，方形容愛的意思得出。

勝燕章

清風氏曰：文王惟知有商，曷知民心之悦己？則真謂民之不悦，正深當於以文服事之心。

取燕章

「怨」與「望」只一意，精神全本「天下信之」。「信」字極妙，此「信」不在臨時。「不止」、「不變」，全在師行有紀，正與齊之取燕相反，非獨民情慶湯師之來。

魯鬨章

賈太傅曰：夫民者，至賤而不可簡也，至愚而不可欺也，故自古至於今，與民爲仇者，有遲有速而民必勝之。

孟氏原只是責君，泥却中間一段，羅織有司，便是屈生屈死。「君之民」三字要看。公只曉得有司是自家的，而不知民也是君的。

效死章

民心不固，死守何益？「與民」二字煞有深心，不然子輿氏決不當如此迂腐。

築薛章

孟子一生志願，欲爲尚父、阿衡，然非可以望之滕者。若曰滕能長世則已，可矣。較之以人國徼倖，大是不同。策士好爲夸詞，如公孫彊頃刻亡曹，其害甚烈。故知聖賢之學，必審於時務。

竭力章

太王之遷，他無可考。誦《大雅·綿》，大抵物力强盛，區畫精明，非因狄而播遷也。孟子生平立言，不甚拘泥，或當時小有狄患乎。遷非爲狄也，學者不可不知。

臧倉章

王鳳洲曰：此章與《公伯寮訴子路章》同意。聖賢於此，不是以天命自諉，乃揭出天命所關之大，而小人無能爲也，正是警制奸邪之意。

夏古訥曰：氣數雖不關小人，小人亦是氣數。

當路章

楊龜山曰：自孟子後，人不敢小管仲，只爲見他不破。近世儒者如荆公，雖知卑管仲，其實亦識他未盡。人若知王良羞與嬖奚乘，「比而得禽獸，雖若丘陵弗爲」之意，則管仲自卑不足道。

《路史》曰：賢人君子，國之基址柱石也。桀紂之虐久矣，可以亡矣，然兩賢猶在，三仁未亡，則猶未喪。及一旦去之，基址傾矣，柱石僵矣，堂其能存乎哉？是故《商書》終於微子之命，《夏書》終於女鳩、女方，言賢人君子之去留，社稷存亡之所係也。

置郵而傳命

元許白雲曰：馬遞曰置，步遞曰郵。漢制，四馬高足爲置傳，皆君與大夫所乘，其行安舒，故不得不緩。一馬二馬爲軺傳，軍書使命之用，故不得不疾。漢文帝自代來，乘六傳車，取其速也。

養氣章

董思白曰：此章叫做「養氣」，實無一字於氣上討力。通章只是「持志」二字，而持之妙，在「必有事焉」數句。所謂縮者在此，直養者在此，知言者知此，養氣者養此。

北宮黝、孟施舍之勇，俱下個「養」字，亦不得草草看過二子，故均於不動心道中比擬，看下文「又不如曾子」一句，可見腐儒莫大趁口。秦舞陽殺人，莫敢忤視，比至秦庭，變色震恐，只爲胸中見有秦王在，所謂「嚴諸侯」也。此勇而無養者。

東坡曰：孟子曰「吾善養吾浩然之氣」，是氣也寓於尋常之中，而塞乎天地之間，卒然遇之，則王公失其貴，晉、楚失其富，良、平失其智，賁、育失其勇，儀、秦失其辯，是孰使之然哉？其必有不依形而立，不恃力而行，不待生而存，不隨死而亡者矣。故在天爲星辰，在地爲河嶽，出則爲鬼神，而明則復爲人。此理之常，無足怪者。

丘月林曰：「守約」不是守這約。約，要也，言所守者得其要也。守得其約，則「守」字活；言守這約，則「守」字死。須辨。○梁無知曰：二「似」字最妙，所謂似是而非也。只爲告子似孟子，恐人誤學脉，故曰「告子先我不動心」，急欲辨此似處。

楊升庵曰：志之所至，氣必至焉。故至者，至到之至，而非極至之至。次者，次舍之次，而非次第之次也。思水而寒，思火而熱，驚而汗出，哀而淚下，此志至而氣次之驗。「故曰」，原非述古成説，亦非覆證本章，政就自己心脉指言之。乙卯南京元墨，只將此二字成一篇妙局。

養氣非求之於氣，知言非求之於言。養氣者養心，知言者知心，此孟子之得於心者也。告子不得而勿求，兩不得處，其心早已動矣。告子只論求不求，孟子只論得不得。

不得於言，勿求於心，是告子；知言以知心，知心以知政事，是孟子。

周介生曰：看一「塞」字，到得充斥天地，精神仍是一毫不走散，此是不動心的影像。

氣是先天，道義是後天。先天必合後天而始生，如陰陽伉儷夫婦，配合方有孕誕之理。此言氣配，下言氣生，皆是物也。

朱子曰：「集義」是養氣丹頭，「必有事」便是集義的火法。○勿正，勿忘，勿助長，正是有事處，非一正一反也。如調琴絃，勿緩勿急；如養丹砂，勿冷勿熱：此義非經生所曉。

養氣須是錢不妄受，色不妄交，立定根基，方可集義。城市混雜，人氣紛囂，自有一段清真灝氣，一吸一呼與我默默相應。君子有三戒，正是善養氣法度。自少至老，兢業循理，無少逾越，是爲集義。

正、忘、助三項，人俱是求於氣而失之者，若告子則勿求於氣矣。無識者，把告子紐入助、長、内，甚麼相干？

外義、襲義原不同：外義是釋氏，有悍然不顧一切，皆因緣根塵，於性無與之意；襲是桓、文假仁假義之意。○向言出類拔萃，孔子與群聖人公共的，不知注曰：「出，高出也。拔，特起也。萃，聚也。」群聖人是出民之類，孔子是聚群聖人而又拔乎其萃也。則拔萃宜專屬孔子，方與語氣相合。

王霸章

引《詩》之思服，只證上文心服耳，非又以孔、武作眼。然孔子是德師世的，而「自西」之《詩》，跟鎬京辟雍來，則是武王亦有盡其作師之責，故致此，「此」即孔子、武王兩兩對照處。

仁榮章

焦漪園曰：國家閑暇，可謂無事了，然須存個有事的心。康節子以太平時爲飲酒酩酊、開花離披時候。晦庵子以爲這處去危亡只是一間，要兢兢如捧盤水，方可保得。此明其政刑，所以爲不可緩也。

天吏章

楊升庵曰：「氓」字從亡，從民，流亡之民也。《周禮》：凡治野以下劑，致氓以田里，安氓以土宜，教氓又立新氓之治，蓋去其本土，而占籍於他國者也。陳相自楚至滕，願受一廛而爲氓，是一證。

「無敵於天下」，則不復用兵矣。「天吏」，奉天子民者也，治而教之以復其性，吏之職也。有敵則必戰，戰則必殺戮，溺其職矣。無敵則無戰，牧養咻噢之爲天循良之吏而已。故曰：「無敵於天下者，天吏也。」

四端章

石竹林曰：石中有火，擊之乃見。今人乍見孺子入井，莫不有怵惕惻隱之心。孟子特於石火見處點之，欲人因擊之火悟火在石中，不擊亦有。

上蔡見明道先生，舉史文成誦，明道謂其玩物喪志，上蔡汗流浹背，面發赤色。明道云：「此便是惻隱之心。」或問：「此分明是羞惡之心，如何見得是惻隱？」朱子曰：「惟有是惻隱之心方會動，惟是先動，方始有羞惡，有辭讓，有是非，動處便是惻隱。若不會動，便不成人。天地生生未嘗止息，學者只怕間斷了。」

辛敞厚於師，背漢事莽；王祥孝於母，叛魏附晉，有是四端而不能充之者與。

「然」、「達」二字，不作水火自燃自達，實係然之、達之者之力。

火有燈傳，有薪傳。今但曰「火」者，自其敲石初出時言之也。水有瀾，有濤，今但曰「泉」

者，自其山下初出時言之也。涓涓不塞，將爲江河；熒熒不救，炎炎奈何！「燃」、「達」之勢，政自不可遏滅。

慎術章

「正己而後發」，只對照「人役」以前不善擇術事；「正己」即是「反求」。「不中」、「不怨」一段，正破當時諸侯好勝忿爭之習，如不教梁惠之洒恥而第教以施仁，即「不怨勝己」、「反求諸己」之一證。

樂善章

一「舍己」也，由樂舍己之過，舜樂舍己之善；一「從人」也，禹樂從乎賢人，舜樂從乎衆人，故曰「大舜大焉」。

徐子卿曰：嚴印持言方孟旋妙解書旨，如言「舍己」，往時只説個舍己，不是大舜之舍己，如凡人施一粒一絲，不知龐居士投百萬水中襟度也。余云：「龐居士之視百萬，原只一絲一粒。」嚴云：「大鵬之與斥鷃，寧無分别？」余云：「分别者，人之視大鵬、斥鷃耳。安知大鵬之自視非至小，而斥鷃之自視非至大乎？」

夷惠章

顧九疇曰：夷、惠原不從由人得來，不由「隘」與「不恭」，正由「不屑」之神也。魯男子之善學柳下惠，政如此。

「隘」、「不恭」是二聖極得力處，若有人由得，便不成「隘」，不成「不恭」，此是劈開千古議論。

聖人作用，龍藏蛇蜕，虎假狐皮。伯夷清，非絶俗；柳下員，不破觚。「隘」與「不恭」，解蜕脱皮，質不在是耳。故千古下得一不由之君子，而二聖皆活矣。

天時章

宋羽皇曰：環攻不勝中已見人和方不能勝，不然，便如今日之開門延敵矣。

中心悦服曰「助」，就本國之民言。中心願歸曰「順」，就天下之民言。服遍天下，則助遍天下矣，故曰「至」。

將朝章

黄貞父曰：非堯舜之道不敢陳，是臣敬君，故不敢；湯於尹，桓於仲，不敢召，是君敬臣，故不敢，方是個「君臣主敬」。孟子並引伊尹、管仲，便恐落了自己地步。至此又將管仲掃倒，政了我非堯舜之道不陳意。通章總是孟子敬王，不是傲王。

辭餽章

孟子道既不行於齊，安肯復受其問餽？孟子此意亦不明言，第曰「未有處」，又曰「不可以貨取」，其意隱隱可思。

「未有處」全重自家説，不重小人。蓋小人儘有貨利來交，假托名義者。若只靠他有辭，便墮其雲霧中矣。

平陸章

當時宋神宗行新法何等嚴切，鮮于侁上不害法，中不廢親，下不傷民，人以爲難；程子亦謂賢者所當盡力之時，寬一分則民受一分之賜，奈何紛紛去位？由此觀之，爲政不可拘於法，而一諉之不得爲也。一命之士苟存心於愛物，於人必有所濟；若一切諉之於不得爲，則君亦何賴於爾，民亦何賴於爾哉？

蚳鼃章

蚳鼃聞孟子言，不得不諫；諫而不用，不得不去。面折廷諍，去就截然，政是孟子善爲鼃處，亦是孟子善用鼃以善王處。

弔滕章

王陽明曰：聖賢待人亦有時而委曲，其道未嘗不直也。若己爲君子而使人爲小人，亦非仁人忠恕惻怛之心。孔孟於群小，渾然不露圭角者，政是不使他爲小人耳，此所以爲仁聖哉！

止嬴章

充虞之問，逾喪之議所由來矣。「無財，不可爲悦」句，政隱隱道父喪之薄抱恨於終天意。今之有財，即「自齊」二字可見。○亦是子輿現身辟墨處。

子思之母死於衛，柳若謂子思曰：「子，聖人之後也，四方於子乎觀禮，子盍慎諸？」子思曰：「吾何慎哉？吾聞之，有其禮無其財，君子弗行也；有其禮，有其財，無其時，君子弗行也。吾何慎哉！」孟子厚葬其母，是子思家法。

沈同章

燕私授受，齊私征伐，厥罪維均。以燕伐燕，如山之案。○總見堯舜湯武，天下後世，都是假不得的。

燕畔章

謝象三曰：沈同私問，方開釁於事前；陳賈請解，更飾非於事後，此皆長君逢君之罪人也。合上章來，總是明揚齊臣罪狀處，其比擬不倫，不可得解，又弗論。

致臣章

齊王不用孟子，而但以利禄相羈。齊臣驚萬鍾，而轉展相告，則是君臣師友之間皆有市心矣，故孟子有「龍斷」之論。

叔疑使子弟爲卿，如若士衍《邯鄲》傳奇，至盧生病篤，上表乞恩，猶視作鍾繇楷法。身到黄河，猶熱中若此。

宿晝章

安泄柳、申詳之人，尚在繆公之側。此人既無王命，但來孟子前空致殷勤，不特不及子思，並不及申、泄矣。此意未破。

陳眉公曰：「孟子去齊，宿於晝」，當作「畫」。《史記》田單聞畫邑王蠋賢，劉熙注：「畫音獲，齊西南近邑。」後漢耿弇討張步，進兵畫中，遂攻臨淄，即此可証。

尹士章

蚳鼃急去，不爲王用也；孟子緩去，猶欲用王也。看來不是孟子要用王，只要用齊耳。觀《當路章》，真心已露。「王由足用爲善」是句假話，莫認真。且易牛一事，是宣王足用爲善，此是湣王，人多錯認。

名世章

若據題面，只是有王者必有名世而已，不知「其間」兩字，正指王者雖生而風雲未合時言之，特爲拈出。

「必有名世」，爲生於其時，定不寂寞。蕭、曹、絳、灌，雲興霧隱，識者已知是地之有真人矣。有名世，無有不遇王者之理。

居休章

此是《宿晝》三章補義。人見孟子去齊之時，尚且遲迴如此，則居齊時，不言可想矣。豈知一見便有去志，是先見之明；去志終不變，是不回之守，此其所以爲孟子。

或問一見思去，又何出晝之遲遲？沈無回曰：聖賢之救亂世，如慈母之救病子，有一分未絶，亦不肯放手，便是孔子「知其不可爲而爲之」之家法。

性善章

一部《孟子》，無一句不是道性善，却於滕世子一句提宗，如震霆破睡，摘衣珠以貸貧，喚醒千古生人面目。○「若藥不瞑眩」，分明把父兄、百官、許行、陳相等事先參破了也。「瞑眩」猶言作梗，天下事大率多如此。

自盡章

魯文公禫制未終而思娶，宣公喪未期年而逆女。魯至文、宣，蓋凡幾世矣，故知不行三年之喪者，非周公制也。《志》言「從先祖」，立法之祖也，而後人則以壞法之祖爲祖矣。曰「有所受」，其受之誰乎？

井田章

徐傚弦曰：圭田是禄外之禄，所以厚其臣；餘夫是田外之田，所以厚其民。五十畝者，準百畝而中分之也；二十五畝者，準百畝而四析之也，皆起於井田之制也。

譜而奕，奕秋弗是也；方而藥，盧扁弗是也；執圖册而行井田，聖人弗是也。奕在着先，藥在方外，聖人之精神〔一〕，離法而寄於法者也。離法則法活矣，不離法則法死矣。

並耕章

許行亦不是尋常人，尋出一開天劈地的聖人出來，不惟欲壓倒時君，政欲壓倒堯、舜、周公、仲尼。

許行始托神農君民並耕之説，欲齊人也，而不知有大小之等，不可以相兼；繼托神農市價不二之説，欲齊物也，而不知物有精粗之殊，不可以畫一。

〔一〕人，原作「神」，據張鼐（侗初）《寶日堂初集》改。

「有大人之事」一句，是闢《並耕》一章冒頭；下面堯舜用心，都在此處藏着，着不得一實語。

大人不直是君，孟子自視亦一大人。

五倫首父子，而此處乃首君臣，正以大人小人之分，素明於唐虞。

韓求仲云：「有親」、「有義」等，如云因其自然之意，此間不重此時，洪荒初闢，人亦未必盡開等竅，聖人揭之使有耳。

馮開之曰：「以天下與人易」二句，劉縉雲説「與人」直是委托之意，此二句猶言付托天下不難，付托得人爲難。此説絶佳。

《樗齋漫録》云：人知堯以天下與舜，舜以天下與禹。夫天下者，天下人之天下也。堯以天下擇君，以不得舜爲己憂，得舜而天下治，是堯以舜與天下，非以天下與舜也。舜爲天下擇君，以不得禹爲己憂，得禹而天下治，是舜以禹與天下，非以天下與禹也。故曰：「爲天下得人者，謂之仁。」〔一〕

〔一〕此段原寫於天頭。

「惠」、「忠」二字，吾不欲説壞，蓋此亦是所得之一人一事，稷契足以當之，合之總成堯舜之仁者耳。

「江漢」、「秋陽」，是曾子分明指出聖人心印不與人俱没者。我輩瞻事如生，不必求諸音容笑貌之似也。題意如此，若有若之不如，何須較量也。特爲拈出。

王龍溪曰：江漢秋陽，只形容得曾子的孔子；東山泰山，只形容得孟子的孔子。

楊維斗云：「江漢」、「秋陽」不作比擬，直從聖人心中寫出一片潔白光明氣象。釋氏所云「佛身清浄似琉璃」，於此可參。

墨者章

孟子接引人，只就他明處通，不直言其非，亦不説道理，到底只動其心，就彼破彼，極妙！

姚承菴曰：上世之委親於壑，非忍棄之也。禮制未起，不曉如何殯葬，没奈何，姑置諸此。他日過之，亦其已置不忍忘處。

當時治墨者，鄧陵、相里、相夫三家。自宋鈃、尹文皆有書，而墨分爲五，且其徒禽滑釐之屬嘗三百人，而治國用兵，天下難爲亞。墨氏亦號多才，其羽翼甚盛。

「其顙有泚」，即「一本」天真呈露處，最好識認。「非爲人泚」者，天也。嵇康云：「服藥求汗，未必得汗。愧情一集，則泚然流離。」即是此意。世人皆以禮爲僞，而不知葬禮起於顙泚。顙泚者，天也，「一本」故也。

鍾伯敬曰：「夷子憮然」，言下有五體墮地、涕泣悲悔光景在。不第受孟子之命，直是自得其「一本」真心也。

陳代章

尹和靖曰：有枉尺直尋之心，則必至於枉尋直尺矣。○此身一枉，如喬嶽坐隳，不能分寸，安問尋尺？「亦可爲與」是詰語，亦是跌語，下得極圓。

妾婦章

春秋一代仕宦，孔子只題兩字曰「斗筲」。戰國一時利達，孟子只題兩字曰「妾婦」。非是聖賢輕世，亦是當時人物體質如此。

周霄章

杜静臺曰：「未嘗不欲仕」，雖與「鑽穴隙」對説，然「願」字、「賤」字出於父母國人的心，「欲」字、「惡」字出於君子自家的心。非爲怕人賤惡而然也，全要得孟子不見諸侯本意。

傳食章

「於此有人焉」一句極重。蓋吾道值大明之時，即繩趨尺步，不見所繫之重。今異端蜂起，邪説横流，此乾坤何等時節？乃有人焉起而擔當世教，其功之大何如？

宋國章

征伐是王政，然要有王者實心，順天應人，不得已而用。宋王偃滅滕伐薛，敗齊楚魏之兵，求伯勝於天下，乃區區不鼓不禽，謂是王政，如何不動齊楚之師！

善王章

薛居州善力亦不大，故須左右夾輔。若論古名臣：太甲改德，一伊尹；高宗中興，一傅説。止藉一人旋轉，何在衆士薰陶？

夏畦章

「由是觀之」，通上段干木等，孔子及曾子、子路之言皆在内。「君子之所養」，孟子自言己意亦在其中。

攘鷄章

「知」字極重，只是知之不切，故猶然可待。若知火者決不蹈火，知水者決不溺水，知之真也。

好辯章

天地生生，不但治爲生，即亂亦爲生。蓋治之生是順而生，亂之生是逆而生，是以聖人曰「蠱，元亨也」。

韓求仲云：布衣作《春秋》，何異處士横議。處士横議，正是藉口聖人，此治胎亂也。及横議矣，孟子又以議論救之，此亂胎治也。一治一亂，括盡世界。

張南軒曰：驅虎豹犀象而遠之，放蛇龍於菹，不是將來俱滅絶了；防之，毋令爲民害而已。此並生之意。

袁了凡曰：《春秋》因魯史以明天子之法，猶禹承堯命以治水，周公相成王以撥亂，所行者莫非天子之事，故曰「天子之事也」。

孟子只自任距楊墨，首曰仁義，便是闢楊墨大端。一書無非説仁義，道性善性，仁義所出也，楊墨終不能自外本性。

以「罪我」爲懼，此義原根《左傳序》來，然聖人爲萬世定大公案，却脱不得一「懼」字，如堯舜開闢鴻濛，脱不得一「警」字。此理可思。

《春秋》一書義例繁多，使聖人之意反晦。如云「弑君名君，君有罪也」等語，必非作者之意也。今直曰「亂臣賊子懼」，所謂無不是之君父也。此義既明，則亂賊自少矣。

巨擘章

方孟旋曰：説者謂陳氏篡齊，則世家之禄爲不義，仲子避之，亦恥食周粟意也。故孟子以爲巨擘，不説他不廉，只説他驕，便知天地間不可無此人。

孔子在衛而不言衛事，孟子在齊而不言齊事，亦是孔門家法。

匡章，齊人。秦假道韓、魏以攻齊，齊威王使章將而應之，與秦交和而舍，使者數相往來，章爲變其徽幟而使秦君。候者言章以齊入秦，威王不應。頃，候者復言，威王復不應，有司請曰：「言章之罪者，異人而同辭，王何不發將而擊之？」王曰：「此不叛寡人明矣，曷爲而擊之！」頃聞齊兵大勝，秦兵大敗，於是秦稱西藩之臣而謝於齊。左右曰：「何以知之？」曰：「章子之母啓得罪其父，其父殺之而埋於馬棧之下。吾使章子將也，勉之曰：『夫子全兵而還，必更葬將軍之母。』對曰：『臣非不能更葬臣母也。臣之母得罪臣之父，臣之父未命而死。夫不得父命而更葬母，是欺死父也，故不敢。』夫爲人子而不欺死父，豈爲人臣欺生君哉！」

陳仲子，字子終。楚王遣使持金百鎰，聘以爲相。仲子曰：「僕有箕箒之婦，請入計。」乃謂妻曰：「今日爲相，明日結駟連騎，食方於前。」妻曰：「左琴右書，樂在其中矣。結駟連騎，所安不過容膝；食方丈於前，所甘不過一肉。今以容膝之安，一肉之味，而懷楚國之憂，恐先生不保命也。」仲子乃相與逃去，爲人灌園。

四書遇

山陰張岱纂

下孟

離婁章

別處論政多重「心」，此獨重「法」，以當時諸侯蔑視井田、學校等法是也。要知「法」者，「心」之寄也，「心」與「法」固自離不得。

方子春云：道揆有員活意，法守有一定意，所謂「君主員，臣主方」也。

徐子卿曰：怕痛怕癢，反成個不痛不癢，何如爽爽俐俐説個從法，説個不能自行，只管瞻前顧後，將燈影摇曳則甚！

規矩章

張侗初曰：何謂「規矩，方員之至；聖人，人倫之至」？「至」則有神明變化之義，未易爲尋常守株者言也。往史玉池先生教余曰：「學問要有規矩。」此言政合。

韓求仲云：「皆法」是交法合二者，而法之要其始盡。仲昭謂一人而法堯舜，猶一物而備規矩，靈思妙想！

千古以來，堯舜得有幾人？一不如堯舜，便降爲幽厲賊臣，反易開人以不肖之路，又無以處夫湯武以下諸君。陳大士有文曰：「吾不責其如堯，責其法堯而已矣；吾不責其如舜，責其法舜而已矣。法堯舜而至，則堯舜也；法堯舜而不至，則爲君猶不失湯武與太甲、成王之諸君也，爲臣猶不失伊周與仲虺、君陳之諸臣也。何者？其人非堯舜之人，而其道固堯舜所以事君、所以治民之道也。一誤其趨，遂有慢君賊臣之號，可不慎與！」此言名通。

三代章

張元岵曰：首二句側重「失」上。見祖宗得之以仁者，其子孫即失之以不仁，可見决不可不仁，的有警醒人意。

東坡曰：「霸之於王也，猶兄之於父也。聞天下之父嘗有曰堯者，而曰必堯而後父，少不若堯而降爲兄，則瞽、鯀懼至僕妾焉。天下將有降父而至於僕妾者，無怪也。從章子之説者，其弊固至於此也。」與大士之言可參。

反求章

張侗初曰：鈎曲之形，無繩直之影；參差之上，無整齊之下。化本在我，不由於彼。故管子曰：「君子繩繩乎慎其所先。」明乎物之性者必以其類來也，我不先而求物之來，豈物之性哉！然則「反求」、「自求」之旨深矣。

「愛人」、「禮人」、「治人」，原不從人上用心，故「自反」時亦只是返心自問。蓋人爲心鑑，形自妍醜，鑑也何尤？作如是觀，方成「反」義。

《大全》注云：「永言配命」是常思量要合道理，亦是無間斷意。

恒言章

「天下國家」，是懸空一句説話，定要説出它實際；是籠統一句説話，定要説出他首尾；是極没要緊一句説話，定要説出它直恁關係。所以省察恒言，是聖賢極大學問。

巨室章

戰國時巨室與春秋不同。春秋時巨室，如齊、韓、趙、魏皆屬世卿，其人皆有雄材大略，其志不至於得國不已。若戰國孟嘗、平原諸輩，崇務虚名，收養游士，不過游揚煽動，内懾君長，外張浮譽，本無才略，不足防慮，而用之亦足以收名、致遠、交鄰、動衆。是以田文相而齊安，無忌興而魏强。巨室與國勢相爲終始，無有大故，可輕自摇動哉？

齊之田裳，晉之趙盾，魯之三家，輕犯其鋒，皆有烈禍，巨室之不可輕動若此。以孔子之聖，計隳三都而孟氏不肯隳成，而卒以出走，可望之它人乎？

順天章

張侗初曰：明聖興而威福一，乃天與以安天下之資。群雄起而禍亂生，亦天與以争天下之資。所謂天授非人力，意正如此。

裴晉公曰：韓弘輿疾討賊，承宗斂手削地，非朝廷之力能置其死命，特以處置得宜，能服其心故爾。此是一證。

自取章

「孺子」二節，全爲不仁者不可與言作對照。「有」字要發見。無言則已，有則邇言亦所當察矣。「自取」意是孔子以己意尋繹出來，孺子政未必有此意在。如郢人發書，誤書舉燭，而燕相國用以舉賢、退不肖，與此一例。○此歌原是楚謡，今人都竟作孺子之歌，非是。

世間禍福，未有不以清濁爲之取者。清者必明於事機之將然，濁者必惛於事勢之已然。

歸仁章

嶺南多毒而有金蛇白藥以治毒，湖南多氣而有薑橘茱萸以治氣。魚鱉螺蜆治濕氣而生於水，麝香羚羊治石毒而生於山。蓋有是病即生是藥，有是亂即生是人。蓋不蓄則自不得也，所以不重艾而重蓄艾之人。

前引「執熱」，此引「胥溺」，總見天下如火益熱、如水益深意。

暴棄章

此爲戰國之人君言。以爲迂遠而闊於事情者，即自暴也；吾昏不能進於是者，即自棄也。「哀哉」與賈生之痛哭流涕同。

親長章

親長之道明，則凡爲人父兄者，皆與人主共治天下矣。故其道最爲易簡。

艾千子曰：此章原爲立教治世者說，非自爲學而過焉也，即楊墨申商以其說治天下之徒。

人人親親長長而天下平，即所謂制田里，教樹畜，導其妻子，使養其老，入以事其父兄，出以事其長上之事。非就親長之人言，乃就教親長之治言也。從來作者，皆不及此。

思誠章

此章全與《中庸》同。《中庸》於誠之者處，猶有擇善、固執、博學、篤行等功夫，而此但以「思誠」二字盡之，尤爲簡切。

大老章

《野乘》曰：問二老同歸文王，一則爲鷹揚之烈，一則爲叩馬之諫，何其不同也？曰：太公是憫當世之無君而救之切，伯夷是恐後日之無君而慮之深。

《鶴林玉露》曰：太公進而以功業濟世〔一〕，伯夷退而以名節勵世。二老各爲世間辦一大事，可謂不負文王所養矣。

〔一〕「以」下原有「爲」字，據《鶴林玉露》删。

此言文王之政能致天下之歸，見文王「爲政於天下」處。「善養」，特就政中指言之，與《盡心》《辟紂章》專言養老者不同。

宣廟經筵進講此章，上曰：「伯夷、太公皆處海濱而歸文王，及武王伐紂，一佐之，一扣馬而諫，何以所見不同？」儒臣對曰：「太公以救民爲心，伯夷以君臣爲重。」上曰：「太公之心在當時，伯夷之心在萬世，無非爲天下生民計也。」

善戰章

此章論善戰之罪，而以富國起語，所以甚善戰之罪也。首節是例，次節是案，末節是斷。

董氏彝曰〔一〕：「『土地闢，田野治』則有慶；『辟草萊、任土地者』則次上刑。孟子論人功罪，只原其心。蓋治地而主於利民，則守國之功可以論；治地而主於利國，則殃民之罪不可逃。」

〔一〕氏，原作「是」，據《四書經疑問對》、《四書講義困勉録》等改。

眸子章

張南軒曰：學者讀此，非獨可得觀人之法，並可得檢身之要。私心邪氣頃刻不可有，一有於中，而昭昭然不容揜矣。可懼哉！

宋羽皇曰：既觀眸子，又何説聽言？蓋「知言」是孟子大學問，必聽其言之若何，而後觀其眸子，乃可知其或蔽或陷、或離或窮，其不正者在何處，非籠統説個「不正」而已。有聖賢之心，方可以行摘發之事。如韓子一有竊鈇之疑，聲音笑貌無非竊鈇者矣。自用聰明，妄入人罪，貽害無窮，皆以孟氏此言借爲口實，可不慎乎？

恭儉章

侮奪人之君，既行其實，又欲揜其名，假借恭儉，狐蒙虎皮。故孟子把聲音笑貌窮其所托，亦只是要世主以真心行此恭儉耳。《書》曰：「恭儉惟德，無載爾僞。」正與此相發。

援溺章

楊復所曰：天下溺於邪説，孟子以仁義援之；天下溺於功利，孟子以正道援之，此正時時以道援天下處。默運其權，非若手援之可以迹見也。末句語氣，如云子欲手援天下纔是援乎？正要髡思吾道之所以援天下處，非如俗徒手之説。

李崆峒曰：髡問男女授受之禮，而舉嫂叔者，何也？禮：嫂叔無服，又不通問。斯別之又別，嫌之又嫌者。髡真辯雄哉！大抵戰國横議堅白，非孟子不能破。

教子章

沈無回曰：古者易子而教之，不得已爲不肖子慮也。若上智中材，則傳曰「愛子，教之以義方，弗納於邪」，父亦未嘗不教。

韓求仲云：孔子之教伯魚，未聞其易子也。周公之撻伯禽，未聞其勢不行也。易子而教，終是爲不肖子設法。

弇州云：《問服章》可以示君，不可以示臣。《責善章》可以示父，不可以示子。

謝太傅云：「吾嘗自教兒。」深得教子之法。

養志章

當時屈身仕祿如毛義捧檄之類，皆曰：「吾爲養親計耳。」不知一失其身，便辱其親，又安能事親？苟能承順親志，即如曾子尋常日用間，亦可以承歡，故曰：「事親若曾子者可也。」

陳眉公曰：《康誥》「如保赤子」，心誠求之。大約父母之於赤子，無一件不是養志的，人子報父母却只養口體，此心何安？即如曾子養曾晳，比之三家村老嫗養兒，十分尚不及一，所以僅稱得個「可」。

曾子每讀《喪禮》，泣下沾襟，曰往而不可還者親也。子欲養而親不待，是故椎牛而祭，不如鷄豚之逮親存也。初，吾爲吏，祿不及釜，尚欣欣而喜者，非以爲多也，樂其逮親也。既沒之後，吾嘗南游於楚，得尊官焉，猶北面而涕泣者，非爲賤也，悲不逮吾親也。

曾參後母遇參無恩，供養不衰。其妻蒸藜不熟[一]，因出之。人曰：「非七出也。」參

〔一〕藜，原作「黎」，據《孔子家語》改。

曰：「蒸藜〔一〕，小物耳，而不用命，况大事乎？」遂出之。其子曾元請再娶，曾子曰：「高宗以後妻殺孝己，尹吉甫以後妻放伯奇。吾上不及高宗，下不及吉甫，庸能免於非乎？」遂終身不娶。

格非章

「格君心之非」，絶無工夫，工夫全在自己爲「大人」。「大人」者，居仁由義，正己而物正者也。君仁君義，俱從「大人」來。

昔孟子三見齊王而不言事，門人疑之。孟子曰：「我先攻其邪心，心既正，而後天下之事可從而理也。」可想「格君」之義。

毁譽章

二「有」字要着意。「有」者，間有之而世不盡然也。如此説，方斟酌。

〔一〕藜，原作「梨」，據《孔子家語》改。

斥松爲樗，何損於材；譽蕕爲蘭，不揜其臭。故毁譽之加諸己也，君子必自省；其施諸人也，君子必不輕。

王陽明曰：毁譽久之自見，未有能揜其實者。王通以無辨止毁，良是。「不虞之譽」爲驟得而自喜者坊也，「求全之毁」爲聞穢而輕信者坊也。兩意自别，傳注中亦不及此。

易言章

「責」，任也，任内難盡，任外易言。《韓非子》有「言者，必責之以事」，即此意。諺曰：「錢不出家言與之，病不着身言忍之。」

有如今之言邊事者，即責之以禦虜；今之言流寇者，即責之以殺賊，豈不甚難？清夜思之，在言路者得不三捫其舌？

人師章

孔子曰：「如垤而進，吾與之；如丘而止，吾已矣。」今學曾未如肬贅〔一〕，則具然欲爲人師。

樂正章

孟子叙此「來見」一段，全在「克有罪」一句，以表樂正子之勇，絶不覆藏其過。

餔啜章

失足王驩，不好明説，只把「餔啜」二字小立罪名。若認真「餔啜」爲正子實情，不啻痴人説夢。

〔一〕肬，原作「朧」，據《荀子》改。

猶告章

惟柳下惠可以坐懷，惟舜可以不告。君子必原其至情，方可略其形迹。故達權者聖也，守經者賢也。

仁實章

仁、義、禮、樂所包甚廣，專指事親從兄，故謂之「實」，猶《論語》「本立而道生」之「本」耳。若不括其餘而言之，則非仁之實、仁之事而已。

王龍谿曰：手舞足蹈而不自知，是樂到忘處；樂至於忘，始爲真樂，故曰「至樂無樂」。周海門曰：次節言「知」而又言「不知」，知而不知，不知而知，此即孩提稍長之知，亦即聖不可知之神，無有二也。疏此章意者，皆當思此。

徐子卿曰：或問義主於敬，敬莫先從兄，此義云何？余云：本文只說「從兄」，何曾說「敬」？且如孟子云長知敬兄，斯義畢竟未妥，不如「從」字之妙。蓋「仁」者包覆無外，而其實在元初一點不可分析處，故曰「事親是也」。「義」者宰制天下，而其實在自己不去逆亂。夫畢幼者，生來血性，初與世故交錯，此時正用逆之端倪，而兄涉同儕尤易逆之機竅，若長幼有序，而天下之條理得矣，故曰「從兄是也」。

底豫章

羅仲素論「瞽瞍底豫而天下之爲父子者定」，云只爲天下無不是底父母。了翁聞而善之，曰：「唯如此，而後天下之爲父子者定。彼臣弒其君，子弒其父，常見有不是處耳。」《易》曰：「臣弒其君，子弒其父，非一朝一夕之故也，其所繇來者漸矣。繇辨之不蚤辨也。」亦是此意。

符節章

馬君常曰：讀此，知《平世章》不單指禹、稷、顔淵，《武城章》不單指曾子、子思。會得聖賢真符節，則節節皆活。

末節「揆」字，注訓爲「度」，「言度之而其道無不同」，是我去揆度二聖，非也。「揆」乃二聖得志所行之根宗處。今言政府謂之「揆地」，孟子言「上無道揆」，「揆」字皆同。

溱洧章

只論爲政大體，借子産作案。

孟子譏「濟人」，即孔子惜樊纓之意，原不止爲一事。

子産爲政，作田賦，鑄刑書，其猛如火。孔子特表之曰：「古之遺愛。」子産，衆人之母，惠而不知爲政，特地説出他一段慈祥愷弟，與民同患之意，此是孔子表微處。○子産是夫子極得意人。子産治鄭與夫子治魯，發令之始，不得不尚嚴毅。故輿人之誦與麛裘之謗，亦若出諸一口。孔子特地稱子産曰「古之遺愛」，亦見得我之誅少正卯，沈猶氏不敢飲羊，公慎氏之出其妻，慎潰氏越境而徙，不是我行法之嚴，無非加惠全魯也。借子産蓋以自況。

視臣章

穆公問於子思曰：「爲舊君反服，古與？」子思曰：「古之君子進人以禮，退人以禮，故有舊君反服之禮也。今之君子進人若將加諸膝，退人若將墜諸淵，毋爲戎首，不亦善乎，又何反服之禮之有？」孟子此對，得之子思。○丘毛伯曰：人臣豈有報復其君之理，而不能必其心。

此「膏澤」屬臣，言噓雲布雨，神龍之能，但非帝有命，不能下耳。

去徙章

趙簡子殺竇犨鳴犢及舜華，孔子聞之，臨河而嘆，曰：「丘聞之，刳胎殺夭則麒麟不至其郊，竭澤而漁則蛟龍不處其淵，覆巢破卵則鳳凰不翔其邑。鳥獸之於不義尚知避之，況於人乎？」遂還，息於鄒，作《槃琴》以哀之。君子見幾，當法孔子。

仁義章

張侗初曰：仁主覆露，義主裁割。仁義雙行，生殺並用，帝王之道也。《經濟言》曰：「君者，儀也，儀正而景正。君者，槃也，槃圓而水圓。君者，盂也，盂方而水方。」

禮義章

非禮而仍托之禮，非義而仍托之義，總之假仗者所爲，如小人之無忌憚而仍謂之中庸，大人於此不可不察。

中才章

徐儆弦曰：「養」如養花木一般，栽培灌溉則天全而性得矣。「樂」字正從「養」字來，有欣欣向榮之意。「棄」正與「養」相反。

有爲章

艾千子曰：平居不立廉隅，苟且自將，必不能大有所就。司馬相如失節臨邛，細行已虧，後雖遭時遇主，終無事業可觀，亦一證也。此題意原如此，善謀後動不輕舉，乃題中末意，學者當知之。

「有不爲」是介然有守，如「非其義，非其道，一介不以取諸人」之意，如「行一不義，殺一不辜得天下，有不爲」之意。時文講「不爲」，作尺蠖之屈、龍蛇之蟄、遵養時晦者皆非。

後患章

眉公有作云：言攻不善人，而善人之求全者，且爲之動色；言一不善人，而衆不善之旁觀者，亦爲之切齒。參透世情，宜銘座右。

伏波將軍戒其兄子言：聞人之惡，當如聞父母之名，耳可得而聞，口不可得而言也。

沈無回曰：言人不善的人，滿腔都是殺機，不有奇禍，必有奇窮。「後患」，不拈定報復説。

伊川曰：前輩不言人短，每見言人之短者，則曰「女且取他長處」，真長者之言。盤雲太師曰：「天地包涵萬物，山澤藏納污垢。」人遇不善，不可無此度量。

已甚章

時説恒以「已甚者」屬之賢智，不知惟聖人纔能「爲已甚」。能爲而能不爲，所以爲仲尼也。揭出仲尼經與它聖對較，不與賢智平揣。

「道」只是恰好，略着意過一分便是「已甚」。孟子見當時廉如陳仲子，賦法如白圭，並耕如許行，仁義如楊墨，都是過一分的，所以説個「仲尼不爲已甚者」救他，不應作中庸隱怪解也。

伯夷之「清」，柳下惠之「和」，皆不免「已甚」。「不爲」，非有意，孟子觀之謂如是而已。或《上楊龜山書》云：「徐行後長，得堯舜之道；不爲已甚，知仲尼之心。」龜山讀之甚喜。

信果章

孔子罹蒲之難，蒲人曰：「毋適衛，吾出子。」與之盟，出孔子東門。孔子遂適衛。子貢曰：「盟可負耶？」孔子曰：「要盟也，神不聽。」此正惟義所在，而不必信果者。

義是個大世界，必信必果是個小蹊小徑。象山子曰：「大世界不享，却要占個小蹊小徑；大人不做，却要做個小人。惜哉！」

赤子章

赤子與孩提不同，赤子纔離胞胎，以其身赤，故曰赤子。孩提知愛知敬，已落「知能」。赤子渾沌初剖，塊然純樸，無知無能，一天命之性，老子謂「如嬰兒之未孩」者是也。故赤子是未發，孩提是已發。

李見羅曰：「不失」内雖有學問在，然此以現成大人説。論工夫，聖人亦無歇手；論本體，庸人亦是現成。

徐自溟曰：赤子之心所由失者，不獨以私欲僞妄失之，即聰明才辨亦所以失之。外來者日增，本來者日減。

李崆峒曰：大人[一]、赤子，心一耳。擴之爲大人，未擴則赤子。如草木始於萌芽，出土時分量已具，大人只培之使足已耳，非能矯之使增也。如松參天，柏盤石，桃李能之乎？

大事章

喬君求曰：事親者，直到送死，方是人子養生的盡頭處。古所稱必誠必信，勿之有悔，方是孝子用心之極。

自得章

王龍谿曰：學貴自信自立，不是倚傍世界做得的，求自得而已。自得之學，居安則動不

〔一〕大，原作「太」，據李夢陽《空同集》改。

危，資深則機不露，左右逢源則應不窮，見在流行，隨處平滿。

張侗初曰：須要識個道。道，性靈所自有也。吾自有而吾得之，故曰「自得」。深造以道，勿忘勿助，如鷄抱卵，如火養丹。

從門入者不爲家珍，莊、老不必論，申、韓卑卑名實之間，中有獨得，故持之彌堅，言之彌確，見諸天下國家都是成效。吾儒大而無用，只爲倚門傍户，體既不真，用亦不實。

君子之深造必以道。道者，率性者也。以道方自得，非由外鑠，我固有之者也，終身由而不知其道，所行習者，祇從名義上周旋，形迹上簡點，而固有者茫無干涉。

反約章

張侗初曰：且理會「博」的是甚麽？件件都是我本體做出，如何不還歸本體上？時時博，便時時約；處處博，便處處約。若説博了許多，方纔反約，是商賈積聚一般，不成個學問。

丘月林曰：理本約，先博了，仍回到約上來，故曰「反約」。

心服章

朱子曰：以善服人，惟恐人之善，如張華對武帝，恐吴人更立令主，則江南不可取之類。以善養人，惟恐人不入於善，如湯於葛，遺之牛羊，又使人往爲之耕之類。

張南軒曰：霸者所爲，不過欲以善服人。如齊桓會首止，而定王世子；晉文盟踐土，率諸侯以朝王之類。故此章意，當從王者、霸者服當時諸侯處想像比切，今作者皆就養百姓上講，浪及井田、學校、孝弟忠信、勞來匡直等，絶不相蒙。

蔽賢章

季彭山曰：凡言之足以致不祥者，皆「實」也。曰「無實不祥」者，甚蔽賢之詞也。觀兩「實」相應可見。

原泉章

一僞皆僞，淺深自知。「恥」，不恥其它日之涸，政恥其今日之盈，寸心先對不過。

「情」字作「實」字解不得。不曰「過實」，而曰「過情」，正在自己真情所不能揜飾處説。

幾希章

「幾希」不是有件東西而君子存之，即此一念存留肯照顧者，便是「存」字，即是形容「幾希」字眼。抱而不脱「爐存火似紅」之「存」甚不多些。「之」字，不指「幾希」，指君子之人。《大學》「至善」，《中庸》「修道」，總無出人倫外；「人之所以異於禽獸者幾希」，只有倫與無倫之間耳。故舜之所爲明者，正明物之異於人；所爲察者，正察人之異於物。

陸景鄴曰：由於人倫庶物之藹然而不可解者，仁也；由於人倫庶物截然而不可紊者，義也。講仁、義極透。○「幾希」，不多也。然静而方動曰「幾」，動而無形曰「希」。「庶民去之」，則人皆禽獸矣，何以人類至今不絶也？虧得君子以一人之存，存天下之去耳。兩句應如此説，始與下數章有關合。

千古聖賢憂勤惕勵，只爲此庶民，若只存一己「幾希」，作自了漢而已。祥麟威鳳，匿采藏輝，與鳥獸何異！兩「之」字要理會。

虞廷儆戒，不過「人心惟危，道心惟微」。「惡旨酒」，遏絶之嚴，是峻人心之堤防。「好善言」，延訪之勤，是開道心之扃鑰。

楊升庵曰：虞夏用人止於世族，八元八凱皆高陽、高辛之才子，至湯始廣其途，故《商書》一則曰「敷求哲人」，再則曰「旁招俊人」。伊尹、萊朱、巫咸、傅説皆以賢，非以親舊也。「立賢無方」，即是它執中之一端。

艾千子曰：岐、豐，邇也；邶、鄘、衛，遠也。始克商，邇也；卜世三十、卜年八百，遠也。如此摹神，乃是武王「不泄邇，不忘遠」。

「敷求」、「旁招」，至湯始廣其途。後此而魯三桓，鄭七穆，秦、齊、趙、魏之四君，皆以門第相沿；及東晉六朝王、謝、崔、盧輩，各據紈袴膏粱。「立賢無方」，故是千古希覯。

綴衣虎賁皆知恤，刀劍户牖皆箴銘，此是「不泄邇」的樣子。建侯樹屏所必飾，燕翼貽謀所必預，此是「不忘遠」的樣子。

周介生曰：《見知章》稱伊、朱、望、散，而不及周公。《幾希章》稱舜、禹、湯、武，而不及帝堯。蓋堯開君道之始，周公居相道之終。合兩章觀之，而道統源流始爲無漏。

王迹章

六經惟禮、樂居閏位。天開於人，羲始畫《易》；皇易而帝，《書》首唐虞；帝降而王，《詩》首商頌；王分而伯，《春秋》始乎隱。此四經之傳，皆與五德之運代爲終始，以遞明王迹者也。故《詩》於《春秋》，體異而用則同。

或曰「義」乃王者之「義」。孔子有德無位，故以爲竊取王者之「義」，而定二百四十二年之邪正是非也。

私淑章

李鹿園云：此章從來混混，政與竊取心法相似。猶云君子之澤五世而斬，小人之澤亦五世而斬，孔子之澤至我將斬矣。予恨未得親炙，今將私淑而表明之也。兩個「予」字，口氣極緊，正有矜之意在。

虞溥有言：希驥之馬，亦驥之乘；希顔之徒，亦顔之倫。子輿之學孔子，固其志也。余觀七十二賢見於《家語》、《史記》者，頗少著述，而亦以傳。語曰：「登龍門者價倍。」「世無仲尼，不當在弟子之列。」此韓昌黎之所以自任歟？

廉惠章

次言「可以無」者，乃斷然之見，非自疑之詞也。

逢蒙章

張南軒曰：使逢爲夏廷之臣，羿篡夏氏，凡爲臣子得而誅之。蒙以義討賊，雖嘗學射，亦何罪之有？蒙以私意，忌而射之，是則爲殺其師耳！以此而觀，輕重之權衡，可得而推矣。

西子章

此以破「有性善，有性不善」之旨，俱是設言。張符九曰：借兩等極美極惡人，該却中間許多人在。

言性章

此章書爲天下之言性者而發，故頻呼「言性」二字，如此則是，如此則非，綱領既明，不煩頭緒。

蘇子瞻曰：無所待之謂「性」，有所因之謂「故」。「故」者必出於自然，世間斷無不利之故，故曰「以利爲本」。「本」者，本體也，非本末之謂也。

簡驩章

聖賢待小人，定有看家拳，又有藏身法。劈頭一「禮」字壓倒驩，心知其簡而無如之何，誰謂嚴而不惡？

存心章

馮爾賡曰：「異人」是總冒，「存心」是骨子，「自反」即是「存心」，「終身憂」即是自反無歇手處。此正君子法聖人而異人處。

謝象三曰：「禽獸何難」，作難易之難解，如舜使鳳儀獸舞，則是禽獸亦不難化，而何况於人！正見存心無住手處，若説付之不較，則又非存心矣。

千古聖人多矣，何只舉一舜？正爲處横逆者作榜樣耳。然「爲法」「可傳」，吾欲從授受傳心説起，處横逆一事，綽合其中。單舉此爲法爲傳，未可得也。

「憂之如何？」不作歇後語，竟作心口相商，自恨自悼景象，絶爲「憂」字描神。

舜不可「如」，「如」其憂思而已，不然即優孟衣冠，與舜何與？

禹稷章

此章爲顔子闡幽，非爲禹、稷叙功。○惟其不易地而然，所以易地而然，直以持世之功歸顔子，令千古窮措大生色，想夫子兩賢之意，應亦爾爾。

張元岵曰：章旨原表章顔子飢溺一節，却重説禹、稷。客意明，則主意自透。

「閉户」有大作用在，所謂龍德而潛也；政是救世處，孟子取以自况也。

東坡喜蓄藥釀酒，云：「病者得藥，吾爲之體輕；飲者困於酒，吾爲之酣適。全非爲人，政以自爲。」飢溺繇己，政是此意。

責善章

孟子於匡章只是「其設心」三個字，所以取之。○定陳仲子罪曰：「辟兄離母。」原匡章之心曰：「出妻屏子。」是孟子之刑書。

章子之父殺章子之母，章子强諫，父怒而逐之。章子外居，出妻屏子，雖父死，終身不復見。蓋非止謝其父，乃以謝其母，謂其母死而已不得救也。不欺死父，豈欺生君？戰國時有爲章子訟冤者。孟夫子之不明言，不知何故。

章子之父以隱事殺其母，並逐其子，外人皆不之知，故匡章因父所逐，遂傳此不孝之名。章子甘受其名，而爲父隱過，總是其孝處。孟子止辨其不孝，而不發其隱，亦聖賢錫類之孝也。

武城章

張侗初曰：顏子未嘗不胼胝，禹、稷未嘗不簞瓢。武城亦有捍禦之勞臣，衛國亦有先幾之高士。隨時圓轉，到處靈通，開此眼界，方知書册上古人都是活局。

儲子章

不只證己之無異，仍是打動齊王爲堯舜，以實己堯舜陳前之意。泛説便無義味。

齊人章

韓求仲曰：妻妾之必羞必泣，總是君子看他情狀，想當然耳，故此節「繇君子觀之」一句直貫到底。

南嶽師曰：富貴利達，難保不作東陵之骨，祇存其所嗜之餘，以待來墦間者。現在之求可泣，已往、未來皆可泣。

怨慕章

通章只重「怨慕」二字，須知慕君之人，原不知有君，到底只爲妻子少艾耳。求忠臣必於孝子之門，豈有不能慕父母而能慕君者乎？

妻舜章

有堯爲主，然後舜可以不告，蓋君父一體也。後世曾見有帝王之家選中駙馬，必請父母之命，然後來尚宫主乎？舜在當時亦有鰥之匹夫耳，不必太説得奇異。

一説「使舜完廪」者父與母，而焚廪時止一瞽瞍，舜所以免爲廪上之灰。「使浚井」，瞽瞍迨其既出，然後從而揜之，舜所以免爲井中之泥。此時瞽瞍亦只壓於後妻之言，而父子天性尚未絶也，故隨即有底豫之事。後來閔子「一子寒，三子單」之語，亦窺見到此。

萬章諸問，政須與《桃應章》參看。舜以克諧蒸人，而有釐降之事，完廪、浚井爲子虚烏有無疑。

徐自溟曰：魚不生於水，而生於子産之心，可見君子之仁，不爲世情所窮。

封象章

王弇州曰：舜之誅四凶而封象也，何居？曰：「四凶得罪於天下也，象不過得罪於己也。得罪於天下，雖弟無赦也；得罪於己，雖疏無誅也，况親如弟乎？謂聖人而修匹夫之恡於弟，非也。」

王陽明曰：只説不留一點怨怒於胸中，語意自融，何消説怨怒在弟，而已不藏宿。天子使吏治其國，政是親愛吾弟處。暴民跋扈，法必難容，富貴安能終保？故知周公之處管、蔡，終不如大舜之處傲象。

源源而見，則舜之待弟且不與四岳十二牧同例，何況四凶？我明之封建，止食俸禄而不受民社，使帶礪勳名，世世可久，此政漢馬后之所以善保其世族也。我朝之待元勳戚畹俱用此法。

盛德章

方孟旋曰：蒙「語云」無據。孟子引《堯典》，又引《詩》、《書》之語以爲證，蓋謂語不載於《詩》、《書》者，皆可以齊東野人斥之。

天與章

顧涇陽曰：堯以天下與舜，此事載之《典謨》，何須更問？孟子諄諄出一「天」字，不特爲子噲輩徒增笑資，即後世一切奸雄萌問鼎之志者，亦可消他許多痴夢。

傳子章

韓退之曰：堯舜之傳賢也，欲天下之得所也；禹之傳子也，憂後世争之之亂也。堯舜之利民也大，禹之慮民也深。與其傳不得人而争且亂，孰若傳之子？雖不得賢，猶可守法。

薛方山曰：堯舜之禪受，堯舜之愛其子也；湯武之放伐，湯武之舍其身也。後世有挈祖宗之天下，俛焉授不肖之子，使不旋踵而爲天下大戮，若秦政、隋文之類者，可謂愛其子哉？

黄貞父曰：啓所能敬承繼禹之道，即堯舜兢業之心法，故與子即與賢也，如均朱之傲慢，其不敬處即其不肖處。

《尚書》曰：「予弗狎於弗順，營於桐宫，密邇先王其訓，無俾世迷。王徂桐宫，居憂。」原不曾有「放」字，「放」字自孟子始。故先儒云：「放」者，「教」也，古文篆隸之訛也。庶或近之。

伊尹章

魏蒼雲曰：「看聖賢，看其細處無滲漏；看豪傑，看其大處不走作。」二語可括《伊尹》

三章。

胸中無完竹，畫於未畫也；心正而筆正，書於未書也。臨楮求書，書不成書矣；臨縑求繪，繪不成圖矣。阿衡構於有莘，商舟締於版築，鷹揚造於漁釣，鼎足定於隆中。論事業者論蘊藉，不論遭際也。在畎畝之中，不樂巢許之道，而樂堯舜之道，便不是終於畎畝之人。

黄貞父曰：連湯之慚德都一概承當，總見他使君爲堯舜之君處。

《路史》曰：桀都安邑而湯都亳，東西相近。乃湯之伐桀，不徑走安邑而反迂走鳴條。蓋不掩襲以出桀之不意，師出以正，皆尹教之也。尹正己以正天下者也，其無要湯之事，益明矣。「囂然」，「幡然」，出處雖是兩截，伊尹原做一件事，只樂堯舜之道而已。孔、顔「惟我與爾有是夫」「是」字，漆雕開「吾斯之未能信」「斯」字，謂此件事也。昔高忠憲公講學東林，偶問及出山，公答曰：「一生只做得一件事。」亦是此意。

有命章

丘毛伯曰：彌子瑕之誘孔子也以利，桓司馬之劫孔子也以威。若孔子之自處，只是以禮以義。

周介生曰：彌子可主而不主，豈關造化？「有命」直是寓言，正其禮進義退處。

雍姓，雎名，又名渠，衛靈公之嬖臣。衛靈公嘗與夫人同車，雎爲驂乘出使，孔子爲次乘，招摇市過之，孔子醜之，去衛。瘠環，瘠姓，環名，齊之寺人也，爲齊景公所近狎。

五羖章

千古少不得宫之奇一諫。事亂君者，知君之不可諫，猶必强諫而止之，非不知殞身碎首無益於數，盡吾節焉耳。譬如擊鼓而救日，豈謂日真可以鼓救者哉，致吾扶陽之誠焉耳已！〇宫之奇亦以其族行，亦不終爲虞人。

晉，虞仇也。當時列國可以報晉者，莫如秦，故去虞入秦。三置晉君，乃爲虞報仇，與子房始終爲韓事同。

于忠肅曰：使管仲無佐桓一段功業，終有愧於召忽；使百里奚無相穆一段功業，終有愧於宫之奇。

大成章

何謂「巧」？太空無翳，明鏡無塵，不起念頭，不落邊際，胸中完完全全有個正鵠，這個就是一團元氣，輕輕脱脱，發處都中紅心，雖然用力，原不着力也。孟子將「巧」來比個「智」，將「智」來説個「時」，正獨見聖人先天處。

韓求仲曰：題中命脉在一「而」字。金聲於前，玉振於後，中間包絡無數，故曰「集大成」。「金聲而玉振」，下一「而」字，則重在金聲，有金聲纔有玉振，有始纔有終也。智之事，聖之事，只是一事。必智以開其始，然後聖以要其終，此正論聖之時，全由於智。下文取譬，不過足其意耳。俗儒分析知行，便把始終條理截作兩件。

始作樂時，八音可缺得一件否？作樂終時，八音亦可缺得一件否？終始只是一件事，從古聖人亦只做一件事。

爵禄章

章大力云：王者制爵從天，制禄從地，度量起於庶人，自吏之至下者始，不曰「我禄之也」。

其勞力如是，而食其報適如庶人之自耕而食耳。下士代耕之義明，然後卿大夫之義皆明，雖天子諸侯亦皆代耕而已。苟爲無功於民，則是不耕而食，於義無處也。故天子庶人無以相過，而享大奉者有大責也。

天子與庶人緊緊對付，中間不過轉輸之吏耳。玉食鼎養，都從農夫較量出來，莫便忘所自始。

此章詳説「代耕」，政見封建、井田相爲表裏。

友德章

樂正裘，汶上人，家貧不能膳，讀書十二載，卒不一遇，遂去，而老於崧山下。孟獻子田於郊外，過其隱匿之廬，握手甚歡，不忍言旋，於是兩人之交甚善。牧仲，展氏之樵人也，夏不襦葛，冬不束帶，笑歌於市中。歌曰：「牧仲牧仲，爾胡憧憧。世已江河，長此安窮。」獻子聞而詫之，曰：「異人也。」遂引至其家，居數月，不復佯狂焉。至與樂正裘論占雲之辨，語多足記，另見諸集中。

陶石簣曰：「無獻子之家」，就獻子自無其家説，若都作五人説，乃專是五人忘勢，非是百乘之家忘勢矣。惟獻子視己之家有而若無，所以五人亦不有其家，獻子方肯與之友，否則豈肯與之友？如此説，方得「亦」字明白，方是獻子「不挾貴」意。

《高士傳》云：亥唐，晉人也。高恪寡素，晉國憚之。平公與亥唐坐，有間，亥唐出，叔向入，平公伸一足曰：「吾向時與亥子坐，腓痛足痹不敢伸。」叔向不悦。公曰：「子欲富乎，吾禄子；欲貴乎，吾爵子。亥先生乃無欲也，吾非正坐，無以養之。子何不悦乎？」

交際章

當日行道之機可通一綫者，止有「交際」一款。故孔子之獵較，孟子之受餽，總一委曲行道之苦心也。然無以爲往役之庶人，只不可以爲見君之士，即此便是禮門義路所界限處。

貧仕章

王陽明曰：君子之仕也以行道，不以道而仕者，竊也。雖古之有禄仕也，未嘗奸其職也。曰「牛羊茁壯」、「會計當」也。

袁石浦曰：「位卑言高者，罪。」可見位卑不必言高也。爲貧之夫，辭尊居卑，正以此耳。

若立朝而道不行，則位不卑而高，又不能言，廟堂之上豈齷齪之士所糊口之地？故曰「仕非爲貧」。

養賢章

問子思標使不受，何以必於卒也？焦漪園曰：前此還望繆公之悔悟，「卒」之一字，可見聖賢發之不暴處。「稽首再拜」，聖賢終是何等氣象！

不見章

薛方山曰：士可以爲草莽之臣，可以爲市井之臣，可發其疑，韓子之三品，復因三子之論而酌其似非體驗得者也。○「爲」字是告子病根，「戕賊」字就他「爲」字翻出。

袁了凡曰：「不忘」自有所指，如云「造次必於是，顛沛必於是」也。宋張思敬因讀《孟子》此二句，始有自得處，後更窮理造微，鮮有及此者矣。馬時中嘗述此二句曰：「今日何時？溝壑乃吾死所也。」臨事奮不顧身，每能自遂。二子皆程門高弟。

徐子卿曰：君子就是多聞與賢之人，平生以禮義自守，决不失足於君希寵。「門」、「路」二

字，亦借來形他擬足而動的光景。〔一〕

友善章

成玉弦曰：只泛論交道宜廣，不泥定由鄉國而及天下，由今人而及古人。須知方寸之中森羅萬象，一室之内晤言千古。

或曰：孟子教人，見善便取友，如貪賈入市，見物便收，看「斯」字最妙！「一鄉之善士」等句，泛就人之有善者説，「善」一而已，豈有鄉、國、天下之分？

楊復所曰：「斯」字最妙！自家人品不到此，即與聖賢覿面，亦自當面蹉過了也。畢竟自家爲何等人品，方纔能友何等人品，不然材學堂中，黄髮孺子、腐齒老翁日日在彼伊吾「曰若稽古，帝堯」並「關關雎鳩」，便爲尚友古人乎？

論古方與古人爲友，論者品第高下，必我造詣意見與他差不多方可論。

〔一〕「袁了凡曰」、「徐子卿曰」兩段，原在《交際章》，據其内容移至此。

問卿章

孟子言其概，微子去之，伊尹放太甲於桐，皆不論貴戚、異姓也。不必實有事，齊王聞之如冷水澆背，陡然一驚，蓋黄葉止啼法也。

杞柳章〔一〕

弇州曰：荀子之言性惡，鰲矣，然亦自體驗得之，如告子亦體驗而得者也。楊子之善惡混從荀、孟之論，而處而辭百鎰，將行而辭萬鍾，其介未嘗少貶，則事道之意愈明矣。

湍水章

「决」之一字，是告子自陳公案。「在山」、「過顙」，正了「决」字義，是就彼説法。

顧九疇云：告子借先天疑後天，孟子從後天信合先天。先天者惑世，後天者持世。

〔一〕「貧仕章」、「養賢章」、「不見章」、「友善章」、「問卿章」、「杞柳章」，原順序作「友善章」、「問卿章」、「杞柳章」、「貧仕章」、「養賢章」、「不見章」，據《孟子》改。

生性章

讀《告子篇》，當知「生之謂性」一句，此告子論性之宗旨也。杞柳之喻本於此，湍水之喻本於此，食色、仁内義外之論亦本於此，未嘗少變其説。○于兩，然後寫出告子不得於言，勿求於心光景。

食色章

顧涇陽曰：仁義可分内外，便非性之德。孟子謂告子未嘗知義，以其外之也。吾謂告子未嘗知仁，以其内之也。

告子明於食色者，孟子即以食色立論，故一則曰「白馬之白」，一則曰「嗜秦人之炙」，就其一隙之明，使其了曉。

徐子卿曰：仁義禮智都從心生，所以爲「内」。告子之意，即如《禮記》所云：「禮者，天地之别也。」又云：「義近於禮。」指却萬物散殊之迹言之，故謂之「外」。若如此，則食之甘者自可嗜，色之美者自可悦，仁亦將在外，顧與嗜之悦之者何與哉？

陸子静有云：意見人最難與言，若用意見相剖，斷無了決，直須以游戲觸之耳。

行敬章

「義」者，心之制，事之宜，説不得偏於外，亦説不得偏於内。告子力護其偏至之詞，孟子亦不敢雜以圓融之説，倘於此正告之曰「義内也，亦外也」，則告子不辯而自服矣。

性善章

孟子説性善，亦只説得「情」一邊，性安得有善之可名？且如以惻隱爲仁之端，而舉乍見孺子入井以驗之，然今人乍見美色而心蕩，乍見金銀而心動，此亦非出於矯强，可俱謂之真心耶？

三説紛紛，一傍着「性相近也」立説，一傍着「習相遠也」立説，一傍着「惟上智與下愚不移」立説。故引孔子作斷案，三説不攻自破。

有三盲摸象，得象耳者云象如簸箕，得象鼻者云象如舂杵，雖獲一方，終不得全象之實。三者言性，政與盲者無異。

徐子卿曰：「仁、義、禮、智非繇外鑠我也」，乃因告子一班把仁、義、禮、智都做了賊性之具，見得另外有個四端將性來消耗，乃是此徒病根，故此針出，不是空空説個繇外至內。「乃若其情，則可以爲善」，孟子蓋即情以論性也。賀瑒云：性之與情，猶水之與波，靜時是水，動則是波；靜時是性，動則是情，蓋即此意。李習之乃欲滅情以復性，亦異乎孟氏之旨矣。

東坡云：孔子、孟軻道同，而其書未必同。何以知之？以其言性知之，孔子之言如珠走盤，孟軻之言如珠着氈。〔一〕

降才章

管登之曰：孟子形容心害最警切。前曰「外鑠」，「鑠」者，以火銷金之名，外逼內也，「道心惟微」之狀如此。今曰「陷溺」，「陷溺」者，以水没人之名，內汩外也，「人心惟危」之狀如此。前説犬、牛與人異，以明人、物幾希之辨。此章説聖人與人同，以信堯、舜與同之説。

〔一〕此段原寫於天頭。

孟子説心，却先在眼、耳、口、鼻上指點，纔指破心事。要知口、耳、眼、鼻之外，心又在何處？此是孟氏以名理爲滑稽，須人理會。

夜氣章

《晏子春秋》曰：「景公游於牛山之上，而北望齊曰：『美哉國乎！鬱鬱泰山，使古而無死，則寡人將去此而何之？』俯而泣沾襟。國子、高子曰：『然。臣賴君之賜，蔬食惡肉可得而食也，駑馬柴車可得而乘也，且猶不欲死，况君乎？』俯泣。晏子曰：『樂哉！今日之游也，見怯君一而諛臣二。使古而無死者，則太公至今猶存，吾君方被蓑笠而立乎畎畝之中，惟事之恤，何暇念死乎！』景公慚，舉觴自罰，因罰二臣。」

問夜氣。曰：項萬純初訪余僧寮，閒説向夜，留不能去。時春雪生寒，僮僕静默，因誦王摩詰語：「深巷寒犬，吠聲若豹，村墟夜舂，復與疏鍾相間。」真當日事也。久之，兩聲暫歇，賓主嗒然，茗冷燈殘，形骸忽廢，故知善言未發者無過孟子。

問平旦之氣。曰：人之旦也，一夢甫終，諸緣未始，靈臺恬曠，虚白自生。非息之以夜，能有是乎？學者於此瞥地一下，何事不了？即樂天所謂「前後際斷處，一念不生時」也。

張元岵云：「平旦」謂晝夜平分之時，即初旦也。

操心如操舟，操心如操兵。操舟則中流自在，不礙風波；操兵則奇正五花，鍾鼓寂若。操非死法，存亦活機。○范淳夫女謂孟子不識心，心豈有出入？伊川曰：「此女雖不識孟氏，却能識心。」

張侗初曰：人以鼻氣入出爲息，凡物以發榮滋潤爲滋息。生息則知息者，生氣而非止氣也。如宿火於灰，灰煖而火活，傳薪則燃矣，是滿爐都是燃體也。

徐子卿曰：「出入無時，莫知其鄉。」這兩句乃是説「操」之法、「存」之妙，是這般神物，乃爲「息」之一字，範圍三教之宗。釋氏謂之「反息」，老氏謂之「踵息」，蒙莊氏謂之「六月息」。萬化根本。若講得浪蕩，以見心之難存，於「惟」字口氣不像。兩句是贊喜之辭，而非懊惱之辭也。

羅近溪因學者誦《牛山章》，嘆曰：聖賢儆人甚切，人特未之思耳。即「牿亡」二字，今人只作尋常看。某舊爲刑曹，親桎梏之苦，自頂至踵，更無寸膚可以動活，輒爲涕下。學者曰今人從軀殼起念者，皆「梏亡」之類也。先生曰：良心寓形體，形體既牽，良心安得動活？直至中夜，非惟手足耳目廢置不用，雖心思亦皆休歇，然後身中神氣稍稍得以出寧。及平旦，端倪自然萌動，而良心乃復矣。回思日間形役之苦，何異以良心爲罪人而桎梏之，無所從告也哉！

平旦之氣與夜氣有辨。平旦是人已覺之時，做得一半主了，至夜氣乃沉沉熟睡之時，做不得主，全是靠天的。故有平旦之氣，尚是清明一邊人，至無平旦之氣，方纔説夜氣。可見人縱自絶，而天尚未深絶之也。若夜氣足以存，猶不失爲可與爲善的，可見才善是氣善處。

奕秋章

此章與《求其放心章》參看。奕秋誨人，未嘗不學不問；心馳鴻鵠，若瞽若聾矣。故知專心致志，學問之事無他。

本心章

欲海無邊，塵心難掃；汗顔頃刻，頑鈍終身。填七尺於羶淫，耗鬚眉於營算。宅畔有宅，田外有田。好利亦復競名，身榮又祈子富。嘗試回頭一看，覺得身外俱閒；世短意長，不知埋没了多少血肉男子。孟子「失其本心」一嘆，真能使行路、乞人一齊痛哭！

沈無回曰：不受呼蹴之心，如電光忽過，景不及搏，稍落第二念，則擾擾萬慮，而未必不受矣。此不受呼蹴的人，與下受無禮義之萬鍾的人作一人看。常人臨死，不受簞食豆羹，而不辨於萬鍾〔一〕；好名之人，能讓千乘之國，而見色於簞食豆羹。於此察之，可見「本心」。

放心章

涸魚不忘濡沫，籠鳥不忘理翰。失必思返，物性之常。求放心即心矣，豈若涸魚、籠鳥哉！曰「不知求」，其不知處，真是可哀！

學者皆説學問之道無他，只求放心便了。詳孟子、朱子之意，乃是學問許多道理，都是爲求放心。語意毫釐千里。

《譚子化書》曰：牛馬，家畜也，縱之坰牧則悍。鷹鸇，野鳥也，一爲羈絆則馴。此收放心之説也。

張元岵曰：此非教人求放心，教人學問也。只管貪程，不覺錯路，世間學問而放心者，正

〔一〕簞，原作「簟」，據《孟子》改。下同。

自不少。

《鶴林玉露》曰：孟子言求放心，而康節邵子曰心要能放，二者天淵懸絕。蓋「放心」者，自放也；「心放」者，吾能放也。衆人之心易放，聖賢之心能放。易放者流蕩，能放者開闊。流蕩者失其本心，開闊者全其本心。

信指章

管登之曰：此章近戲言，而孟子發之有深意。蓋發人一點好勝之我心，易而爲羞惡之真心也。姚承庵曰：人心本伸於萬物之上，今却屈於物欲而不能伸，故借指之屈伸爲喻。心之若人，只提醒方寸之間便是，故以「不遠秦、楚之路」影說。

徐子卿曰：或問「心不若人」。余云：且要看「人」字。只是這個，原難應付者。若說不如別人，便與許多痴漢子開擴餘地。問「指不若人」如何？余云：正該就此想看，難道人生是恁般指頭？

桐梓章

牛山萌蘖不斬伐，便是栽培仁義。良心不牿亡，便是灌溉桐梓。吾身更無二養。

狼疾章

「仁，人心也」以下四章，皆重「知」字。「不知求」、「不知類」、「不知所以養」、「失肩背而不知」，此最提醒人處。

大體章

象山一生只是個先立乎其大者，「立」則我能爲主，「先」則待物之來。人本自大，大人特不失之耳，故曰「從其大體爲大人」。

徐子卿曰：或問「物交物」。余云：燭不點亮，與別樣東西有甚差別？

天爵章

天爵未嘗不倩人爵而靈，個中境界不同，亦全藉天爵爲運，若徒鄙簪笏，非通儒之見也。

良貴章

晉趙氏，世呼趙孟；如智氏，世呼智伯。晉爲盟主，趙氏世卿，故當時謂趙孟能貴賤人。昔人有忘其千金之璧，貧而假乞於鄰。三年忽憶其璧，一朝而獲千金，非自外至也，察與不察也。當其不察，璧亦不亡，此可爲喻。

《譚子化書》曰：網之以冠冕，釣之以爵禄。若馬駕車輅，貴不我得；彘食糠糟，肥不我有。是以大人道不虛貴，德不虛守，貧有所倚，退有所恃。

仁勝章

此章以治道論一杯水，如移民、移粟之類，「亦終必亡」，與《天爵章》同旨。上是亡爵，此是亡國。

美種章

鄒肇敏曰：學者必先辨「種」，而後可以論「熟」。

黄厚齋曰：仁在乎熟之而已。子路，未熟之五穀。管仲，已熟之荑稗。楊、墨，害五穀之螟螣。

韓求仲云：人都做仁，熟不曾做。熟之，熟之，有多少工夫在。

教射章

楊維斗曰：「必志於彀」，爲半途而廢者説法；「必以規矩」，爲創述異端者説法。

任人章

屋廬子知禮之常，不知禮之變。任人知禮之變，不知禮之權。孟子知禮之權，又知禮之意。有人曰：岑樓高於寸木，金重於羽，則屋廬子之説矣。有人曰：寸木高於岑樓，羽重於金，則任人之説矣。有人曰：寸木高於岑樓，而實不高於岑樓；羽可重於金，而實不重於金，則孟子之説矣。

曹文章

顧涇陽曰：着個「爲」字是表工夫，着個「可」字却表本體。又説孩提之愛親敬長，不學而能，不慮而知，是世間孩提那一個不是堯舜？使人當下識取自家面目，有勃勃興起，不忍薄待其身之心；又能使人當下識取堯舜面目，有欣欣向往，不肯自安於不如之意。

小弁章

李衷一曰：是論《詩》，不是論平王。論《詩》，故曰親親，曰仁，曰孝；若論平王，寧直小人而已哉！

舜之慕原從怨來，《小弁》祇怨而不能慕，舜能怨而復能慕。聖賢相别在此，初心實一也。

陶石簣曰：是辨小人，不是辨不怨，怨也是好的。

高文端云：孟子不曾寬《小弁》，援舜可見。

宋牼章

宋牼説秦楚罷兵，原非策士之流，故孟子亦稱其「大」，須句句與縱横家作對。

居鄒章

「爲相」、「處守」四字是伏案，「不成享」三字是斷案，「得之鄒」、「不得之平陸」是結案。

名實章

孟了主意全在孔子一節。拈出孔子，分明謂居三卿而去齊者，實本司寇去魯的衣鉢，來將夷、尹、惠且盡行包括，公儀諸子又不必論。

孟子去齊有云：「王庶幾改之，予日望之。」畢竟有一件説不出的事，與孔子膰肉去魯總是一法。

易牛足王，可謂格及君心；伐燕一策，可謂徙薪曲突；發棠一舉，可謂澤及溝渠。孟子未嘗無功於齊，第難爲俗人道耳。

「名實」二字連説，後人百解不明，但曰「先名於其實者，爲人也；後名於其實者，自爲也」，則眉目自分。

五伯章

鍾伯敬曰：章意專罪大夫，其罪諸侯者，欲諸侯知罪而罪大夫也。

不朝者三，則非方伯連帥能制其命，亦非折簡可致，故須以天子六師移之。「移」字最妙！見先王武備之豫，紀律之臧。兵出於國都，而此無徵發之勞；威行於侯服，而彼無震驚之患。如以物加移之，而已作移易者恐。

五伯謂齊桓、宋襄、晉文、秦穆、楚莊。一云吴夫差。

慎子章

當時齊地方千里，已非舊制，若單以分封責魯，子輿亦大不恕矣。只將兩公世澤醒動慎子，使無啓彊云爾。

夫魯非用武之國，其城薄以卑，其地狹以淺，其君愚而不仁，其大臣僞而無用，其士民又惡甲兵之事，一戰必亡，此切近之災也。昔田常作亂，吾孔子、子貢欲存弱魯，止有亂齊一法，矧可開釁於齊乎？老謀深慮，孟子隱隱言外。

貉道章

白圭之論與許行同一學術，故孟子以貉闢之，亦與用夏變夷同一見識。白圭，貨殖之流也，其所謂二十取一者，亦祖其人棄我取、人取我與之故智，以漁奪其民者也。大貉小貉，即是大桀小桀，是孟子誅心之法。漢文帝二十取一，君子未嘗以爲貉也。今之賦額重於東南，不止十分取二矣，君子亦未嘗以爲桀也。何者？爲其有不忍取之心也。安石之青苗，名爲與之，實爲奪之。欲富國而民貧滋甚，其術蓋本之白圭也。莫被此老瞞過。

民賊章

陳新安曰：自當時觀之，孟子此論若迂且激。而六國吞，暴秦亡，此論豈不深中大驗！

治水章

辨輕賦，提出堯舜什一之道；辨治水，提出大禹行所無事之道。兩「道」字俱根帝王經世大猷，以壓倒世俗之小見。

不亮章

王荆公行新法，滿朝争之不得，豈不自謂有執？然而君子不謂執者，「不亮」故也。故執而是則爲執持，執而非是則爲執着，爲執拗。不可不辨。

好善章

樂正子即爲政，濟得個恁事？只如此似半身美人，要使人意中不盡耳。

三就章

張元岵曰：專問仕而合言「去」、「就」，見不一其「就」者，未嘗不委曲，故「就」以此意者，

「去」即以此意，却一毫不苟。

大任章

天以憂患扮演君相，並非以君相酬謝窮人，個中要看得破。庸人事過困衡，天意薄矣。膏粱豢養，淫亨終身，此栽培傾覆外另一種人也，直將屍肉視之，弗得與天意參觀。憂患、安樂在人，自心上看，方得此章秘旨。

焦漪園曰：舜、説六人所以爲聖爲賢者，雖是天資不可及，然亦未必不是困中來，蓋困是進人之基。康節子云：「當鍛鍊時分勁挺，到磨礱處發光輝。」吾人所以成器者，大率如此。華芳候作有一日不敢忘畎畝、版築等語，是又從既發既舉後言也，總是「生於憂患」真種子。

張公亮曰：春草生於和氣，故易縻；松柏生於烈霜，故長存。此亦可悟「生於憂患」之理。徐幹《中論》曰：「搥鍾擊鼓所以發其聲也，煮鬯燒薰所以揚其芬也，賢者之窮、戹、戮、辱，此搥、擊、煮、燒之意也。」〇徐儆弦曰：無志人受天磨折便倒，有志人受天磨折益奮。天因材而篤，自樹者方能承天。

李崆峒曰：有恃必壞！恃勇者亂，亂必亡；恃才者凌，凌必傷；恃壯者縱，縱必夭；恃勢者驕，驕必戕。孟子所謂「生於憂患，而死於安樂也」。

多術章

聖賢如天地雨露，固以生物，即霜雪亦以成物也，故曰「有教無類」。

盡心章

張元岵曰：世人看得天命之性，正不知何等玄微，全不從自心料理，孟子直就心中指出，總見衣裏有珠，不消向外求乞。

孟子要人還本心，其實落却在盡心一字，即集義之慊，非盡則無由慊。曾子三省終身，只心之無不盡；顔子一日克復，只決不令心之有不盡。

戴忠甫曰：在仙家，首段是丹頭，二段是工夫，三段是沐浴防危。於佛，則爲觀，爲止，爲常寂定。

家大父曰：「殀壽不貳」，非我不貳於殀壽，乃殀壽不貳於我也。夫人之耳、目、口、鼻，幻身也；心、性，真身也。吾得其真以游於幻，則自有萬劫不壞者在。獨往獨來，一絲不挂，非立命而何？

問「夭壽不二」。陽明曰：學問工夫，於一切聲利嗜好，俱能脱落殆盡。尚有一種死生念頭，毫髮挂滯，便於全體有未融釋處。若於此處見得破，透得過，此心全體方是流行無礙，方是盡性至命。

順受章

家大父曰：今人開口便説有命，諉天數而不修人事，不知人事盡而不得，方可言命。故能盡道，即不幸而死，亦謂之正；不能盡道，即幸而免，亦不謂之正。此二段非爲正不正分疏，見得必盡道乃爲順受，語意仍歸盡道上。盡道即上章所謂「修身」。

求我章

黄貞父曰：世之舍内以務外者，乞墦登壟，無所不至。求其得，非求其不得。然在我者有益於得，在外者無益於得。若反其外求，而求之我也，蓋以有益無益撥轉内外之關。

皆備章

題之血脉有從上章來者。「萬物皆備於我」題，重仁、重誠、重我，紛紛作者皆非也。上章既説「求在我」，而「求」之一字，却説得渾淪未破，故此章直指個「我」體出來，令人從「强恕」下手，正「求我」着落處也。

行習章

「行之而不著」即至「習矣而猶不察」，第二句換一「矣」字，便增多少怪嘆。

無耻章

偶讀楊柱史疏云：「人有五常，國有四維，莫不藉廉耻以爲之基，廉耻之存亡，國運之盛衰係焉。」繇是觀之，人孰可以無耻。

恥大章

又申言上章之意，注中「大」字極明。然再推而言之，伊尹恥其君不爲堯舜，格天事業，繇此一恥成之，非大而何？

忘勢章

時至戰國，尊賢重士之禮無人講究。只一客卿，便是齊之異數，求如魯繆公、費惠公之待子思，已絶響矣。故孟子以此一種道理常常發明。

好游章

士惟不失義，故不失望。泰山喬嶽，衆望而仰之，一旦頽了，便失望。若士窮居碌碌，與衆人一般，是早已無望，又何云失望？故望在窮不在達。

謝安石在東山，便有公輔之望，後曾有一毫缺望否？

豪傑章

聞子將曰：不是全不受聖人陶鑄，見善學聖人者，正不必親炙聖人，分明自爲「私淑諸人」句寫照。

韓魏章

張賓王曰：此爲世人多重視富貴，故爲此設言。且無論天下不與、千駟弗視者，何若就韓、魏之家而言，自人得之，鮮有不意滿者。如其「自視欿然」，猶夫不附一般，即此已過人遠矣。

黄貞父曰：「自視欿然」，只是胸中不着一韓、魏也，不是傲睨，傲睨反着韓、魏於胸中矣。

佚道章

夫治，無意而已矣。玄寒厲風，寒者不怨；虚舟之觸，褊心弗怒也。網罟設則魚鳥驚矣。是有意無意之别也。

王霸章

王者之民，如雨露之於草木；霸者之民，如桔槔之於夏畦。

或問「所存者神」。曰：情識不生，如空如水。問「所過者化」。曰：雁度長空，影落寒水，雁無留迹，水無留影。

徐子卿曰：或問「所過者化」二句須串否？余曰：不必。「過化」即小德川流，「存神」即大德敦化，分不開也串不得。

仁言章

「仁聲」，如「帝力何有」之歌是也，不只是稱頌之聲。

良知章

王龍谿曰：夫「識」與「良知」，同而異名，所争只毫釐。識有分别，知體渾然，識有去來，知體常寂，故曰「良知」。譬之明鏡，黑白自辨。能辨黑白者，識也。鏡體寂然，原無黑白，以分辨爲明，奚啻千里，其機只在一念入微取證。○顧涇陽曰：孟子以「不學而能」爲「良能」，「不慮而知」爲「良知」。吾以爲不能而學亦「良能」也，不知而慮亦「良知」也，何也？微良知良能，人亦安於不能不知已耳，孰牖之而使學？孰啓之而使慮也？吾又以爲學而能亦「良能」也，慮而知亦「良知」也，何也？知能之入處異，而知能之究竟處同，非學不學、慮不慮所得而岐也。

深山章

問舜亦從聞見入乎？曰：舜之學從精一入，惟其精一，是以靈虚之中，萬善悉備，一有感觸，無不沛然。若胸中本有蔽塞，全靠所聞所見爲主，便落了依傍的窠臼，安能有感即通？然必借見聞爲證合者，如人在夢寐中，得人一聲喚醒，醒即人聲亦無復用矣。

如此章

家大父曰：心體中打疊得乾净，聖賢學問工夫，自一了百當。張侗初曰：認得本心，一生更無餘事。

孤孽章

以正大心諳練世故而出者，謂之「德慧術知」；以邪曲心窺瞯世情而出者，謂之機械變詐。故學者不可輕語通達，先務正心。

徐子卿曰：「德慧術智」，原不是别樣聰明機巧，就是心知危而慮能深耳。所以「憂患」兩字，真學問事功的確種子，世人却多從此處淹爛，如何望有出息？

容悦章

張元岵曰：集蓼非苦，飲荼如甘，千古危疑，原是伊周得意之境。○「天民」，不是言其不輕出，正見其一出，必能斡旋天運。

天下將亂，杜鵑啼於天津，禽鳥得氣之先，何至靈之人不識進退？只爲利禄所迷耳！

社稷臣是以安社稷爲悦，不是以社稷安爲悦，猶云樂此不爲疲也。

三樂章

舜、禹不能完天倫，湯、武未始無慚德，玄王教育未聞得英才，此皆王天下之人也，可與君子三樂同年而語否？可見「王天下不與存焉」是實話。

分定章

張侗初曰：余外父又懷陸先生，隱士也。余甲午下第，貽書曰：「每見孟郊試不得志，作詩曰：『出門如有礙，誰覺天地寬。』後登第，遂有『一日看遍長安花』之句，私心薄之。若今日快然忍得，他日便恬然做得。」余終身佩其言也。

鄒肇敏曰：性是種子，仁、義、禮、智是華果，心是栽種的田地。

養老章

「五畝」節，是教天下以善養老，非實叙文王之政也。下承上言西伯所謂善養老者，亦只如此而已，此所以謂之善養老也。「所謂」即指大公、伯夷所稱來。

徐子卿曰：治天下原是要從做人家極瑣屑處理會得來，纔是好手。

足民章

聖人治天下，「菽粟如水火」加一「有」字，分明照昏暮之叩無弗與者言矣。仁天下只在此句中，不落一層。下二句只咏嘆聖人使天下之妙，教養無二耳。

崐山之下以玉抵烏，彭蠡之濱以魚豢犬，而人不愛者，所豐故也。挈瓶丐水，執萑求火，而人不悋，非性好施，有餘故也。故饑饉之春不賑朋戚，多稔之歲饗及四鄰。大豐則恩情生，窶乏則仁惠廢也。此以知輕財之士，世非少也，然而不見者，貧掩之也。

東山章

顧涇陽曰：此章大旨，只是眼界欲空，脚根欲實。

周海門曰：通章俱是喻言，末二句乃實説。「成章」不是文章外見，如狂簡之「斐然成章」，打成一片工夫，無有間斷而已。

易牙學琴於成連子，携之至海，延望無人，但見海水洞湧，山林蒼冥，愴然嘆曰：「先生移我情矣。」陶元亮聞田間水聲，依杖聽之，曰：「禾稻已秀，翠色染人，時剖胸襟，一洗荆棘，此水過吾師丈人遠矣。」山子曰：「人苟置身山海間，睹其飄緲希夷，恍憑日月之光，同吞吐於汪洋萬頃者，此何物也耶？移情之説，堪與俗人道耶？」○先文恭曰：癸酉秋，余請告歸，再登泰山之顛，徘徊四顧，空闊無際，俯視世間，何物塵埃足以入吾胸次邪？蓋於是恍然大有所悟，恨未能時時如此境界耳。

鷄鳴章

按，「間」字不可作分開説，正是相接去處，一脚揣着這邊，便不是那邊。故不但利乃爲跖，即有爲而爲善，善亦利也，亦跖也。《書》曰：「惟聖罔念作狂，惟狂克念作聖。」○鷄鳴時正平旦之氣，何以又雜入「爲利」一念？此語當質諸孟子。

張元岵曰：舜與跖分，跖何嘗分於舜；利與善間，善何嘗間於利。聖賢文章，細密如此。

執一章

方文伯曰：吾儒三權，從何處見得？曰：時乎簞瓢陋巷〔一〕，時乎過門不入，適當其可而已。

鄒南皋曰：唐虞授受之中，孔子得之爲時，孟子發之爲權。

楊復所曰：三家獨子莫最鶻突，不若楊、墨二家還精光透露，所以二家傳，而子莫不傳。或問二家傳。曰：今之釋、道是。

饑渴章

龜山以「飢者甘食」一章令羅仲素思索，曰：「於心害上一着猛省，則可以入道矣。」仲素服膺此語，凡嗜好一切禁止，故學問日新。

〔一〕簞，原作「簟」，據文意改。

易介章

「介」是聖人參同契，只就中提出一個極和者以概其餘，見得萬法歸一惟有此路，不宜粘柳下實事。

掘井章

正意俱從「譬若」中見，然「有爲者」三字最要凝神，不得一語叫過。凡學重本原，知本原，即淵泉之出，其出不窮。若徒矻矻工力，即穿鑿之智日深，而活潑之機愈隱。

性之章

此章言「身」，下章言「反」。以身復性，故曰「反」。《論語》「非禮勿視」四句，正在身上做工夫。己即「身」，復即「反」也。「惡知其非有」，非身有也。

放桐章

桐宫居憂，伊尹攝政，原非放君。古來「放」字頗多，如堯放子朱於丹水，成湯放桀於南巢是也。居之桐宫而慎左右，謹習政，尚志氣，養聰明而天下晏然，而百官不驚，故曰伊尹爲聖之任。凡任天下大事，不可無術也。

徐儆弦曰：伊尹心事如青天白日，篡竊之徒自不敢以尹藉口，且伊尹借亮陰之義而放之桐，亦非明言其放也。霍光之舉，所以謂不學無術。

素餐章

用便是用，安得改爲用其言耶？只礙用，則不當云「素餐」耳，不知此答要在「居是國」三字。用之則可安富尊榮，從之則可孝弟忠信，坐鎮而挾陶鑄一世之具，何謂「素餐」？

尚志章

不殺不取是本心浩然無愧怍處，已占萬仞山頭，故曰「尚志」。「尚」者，「無以尚之」義也。

仲子章

趙威后語齊使者云：「於陵仲子尚存乎？其爲人也，上不交於君，下不治其家。此率民而出於無用者。何以至今不殺也？」可爲斷案。

桃應章

天下不必有的事，都有個恰好的妙理，若在道理上强解，便把輕脱活法，只一二死句便礙住。假使桃應問瞽瞍殺人，孟子曰「此時瞽瞍底豫想不殺人」，將大舜終身慕父母本色一筆抹殺，後人那得知？故此問答，謂之絶處逢生也。

王子章

陸君啓曰：既以王子形廣居矣，後掉一尾，却以魯君形王子，意思益顯豁，議論益精神，文章絶妙！

恭敬章

周海門曰：「未將」猶言未發，不以時言。注中加一「時」字，非也。末節又言「實」，則「恭敬」二字亦掃。

踐形章

全要識理、氣非二，方應「踐形」話頭。人生氣聚有此形，形之所用，種種可見，即名爲色，此中都有個當然之則。爲心之生生而不可紊者，此即是天性。天性只是色之條理，色只是形之可見，一「形」字盡之。故下面只説聖人「踐形」，更不提「色」與「性」字。此樣處是聖賢見得渾合處，故説「盡性」也得，説「踐形」也得。

陸君啓曰：形必有色，非有虚飾，非可襲取，是乃天性洋溢。耳之聽，目之視，色也，發於天性之聰明；面之睟，背之盎，四體之喻色也，根於天性之四德。色不充形則槁，色不稱形則虧，色取色莊則罔。色非徒色，然後形非委形，所謂「踐」也。衆人汩性以存形，則形亦塊然；聖人根性以生色，而形非軀殼。

李宏甫曰：孔子之耳順，方是踐耳，他人都是聾。顏子之卓爾，方是踐目，他人都是瞎。孟子之睟面盎背，方是踐身，他人都是疲癃殘疾、痿痹不仁。

陳潛室曰：形色爲性，是引形氣入道理中來；食色爲性，是逐道理出形氣外去。

短喪章

我朝以日易月之制，特施之臣庶耳，宮中仍行三年之喪，與民間無異。世廟至孝，嚴世蕃奪情起復，嘗使内臣瞷之，見其飲酒食肉，姬妾淫縱，深切惡之。神廟李太后之服除矣，慈寧宫召對劉光復時，梓宫在殿，猶帶白帽。帝王之孝，自非下民所能窺見其萬一也。

五教章

君子之教非有意爲異，而受教者不同，如天雨普滋，而草木自區别也。「私淑艾」，「艾」，芟草也。「自艾」、「淑艾」皆斬絶自新之意，「懲艾」、「創艾」亦取諸此。

躍如章

康節子學於李之才，請曰：「願先生微開其端，毋竟其説。」蓋道理要自己理會出來，方有無窮妙處，若自己未曾見得到那地位，教者就容易與他説盡，則我自説我的，與學者有何干涉？

徐子卿曰：只是隨他世界掀翻，巴鼻要自己拴定，决不向人前生活耳。

殉道章

焦漪園曰：「殉道」、「殉身」是以己爲主也，「殉人」是以人爲主而依附之也。以己爲主，進退之權在我；以人爲主，榮辱之權在人。

滕更章

心有所挾，其氣驕而盈，故借不答以折其氣，是不屑之教誨也。

進鋭章

三者俱就治術上説。首二句是清净無爲一流，次二句是殘刻少恩一流，末二句是欲速見小一流。各揭其短，正見中庸之無弊。

仁愛章

以親親作領，於仁民愛物輒出勿親勿仁，從不仁不愛中虧破帝王神聖大作用。

當務章

先務急矣，自然足以及物，非急先務而遂遺物也。急親賢矣，自然人無不愛，非急賢而遂忘人也。如此乃謂之「知務」。

梁惠章

君子不以其所養人者害人，與此相反，故後來興亡亦相反。

義戰章

《春秋》以道名分。征伐自天子出，《春秋》不作矣；惟不自天子出，而自諸侯出，《春秋》所以作也。征與伐何别？曰：「有不義之伐，無不義之征。」

武成章[一]

孟子於《武成》，止取二三策，又曰「盡信《書》，不如無《書》」，可見古聖賢讀典謨，猶有去取，所以識見籠罩千古也。〇記稱孟子長於《詩》、《書》：其讀《詩》也，「不以文害辭，不以辭害志」；其讀《書》也，「盡信《書》，不如無《書》」。此其所以爲長耶！

善陳章

「寧爾也」，玩一「爾」字，恍若有藹然同室之意。

[一] 成，原作「城」，據《孟子》及正文改。

梓匠章

劉子曰：羿無弧矢，不能中微，其中微者，非弧矢也。倕無斧斤，不能善斲，其善斲者，非斧斤也。

管輅曰：物不精不爲神，數不妙不爲術。故精者神之所合，妙者知之所遇，合之幾微，可以性通，難以言論。

飯糗章

青岩叟曰：「飯糗茹草」四字，畫出舜窮困風味；「被袗」八字，畫出舜榮華的景象；「若固有之」、「若將終身」，畫出舜澹漠之精神。

自殺章

沈無回曰：人君養全仁心，自不須論到報復上，戰國之君難以論此，不得已而以禍福之理懼之。

爲暴章

艾千子曰：爲借法行私者發。暴客害民猶仗上之禦之也，至上自爲暴，更將誰使以禦之？

行道章

陳定宇曰：潙汭之刑觀於二女，汝濆之化始自《關雎》，乃知家難而天下易，能行於妻子，無難於天下矣。

周德章

「不能亂」，不但不失自己，實有挽回邪世處。徐子卿曰：若只作邪世自全的人看，何啻霄壤！

好名章

張符九云：好名者未必定貪簞豆[一]，只是窮極情事以醜之耳。余謂不然，此是實語。夫己氏能爲陽翟大賈，復有祖士少之癖，堆錢如垛，乃其家食僅僅自奉，外眷屬俱享監門，時不免菜色，即日給一豆羹，猶未下鹽也。竊以此證之，爲海内一噱。

蘇子云：人能碎千金之璧，而不覺失聲於破釜，亦此意。

仁賢章

夫一介之士，苟無密友，則緩急無所恃矣。上天之行，一失其道，則草木猶或干之矣。千金之家，久而不治，則執券誅負者紛然至矣。於此三言，可想此章之義。○政事所該者廣，不止理財，而理財亦在其中。《周禮》九職任萬民，生之有道也；九賦取財賄，取之有度也；九式節財，用之有節也。總是開源、節流二意。

〔一〕簞，原作「簞」，據《孟子》改。

得國章

祖龍吞噬，二世而亡；其得天下，螻蛄之伎倆耳。孟子之言率亦有驗。

丘民章

此等議論超越千古，非孟子不能發。對君輕而言，宜曰「民爲重」，而乃曰「貴」，予奪之權自民主之，非「貴」而何？知此，然後敢定湯武之案。得乎丘民而爲天子，自然失乎丘民而爲一夫，故曰「聞誅一夫紂矣」。

子得罪於父，可因姑姊妹謝也，父乃赦之。臣得罪於君，可因宰執左右謝也，君乃赦之。昔者桀紂得罪於民也，至今未有爲謝也。

李崆峒曰：高必自卑，大必由衆。故自高無卑，無卑則危；自大無衆，無衆則孤。得丘民爲天子，衆之謂也；無得罪於群臣、百姓，卑之謂也。孔子曰：「無衆寡，無小大，無敢慢。」

百世章

胡雲峰曰：四時之風，莫和於春，莫清於秋，無有不動者。然曰動，猶有迹也。仲尼，元氣也，渾然無迹矣。

合言章

何謂「仁也者，人也；合而言之，道也」？如蓋合函，本非二物；仁生人，生人之謂道。

周海門曰：人如燈，「仁」則燈之明，「道」指光輝燭照而言。如言明也者，燈也；合而言之，光也。

去魯章

「道」字，孟子發之。孔子無意，自然止速如此，非謂有「道」在，而率循之也。言「道」，以示後作則。

陳蔡章

天地不交，否極之世，氣數之窮也，在聖人則何與焉！

貉稽章

引文、孔煞有意見，必文、孔而後可以勿恤謗議，不然亦當自修。王文成曰：人若着實用功，隨人毁謗欺慢，處處得益，處處是進德之資。若不用功，只是魔也終被累到。

昭昭章

謝象三曰：非昭昭不成其爲賢者，然賢者亦第自使昭昭耳，其所以使人昭昭即在此，非又推己及人也。

山徑章

總見心學不可少有間斷，孟子拔茅與孟母斷機，是一般教法。

追蠡章

趙希鵠云：「追」，琢也。今畫家滴粉令凸起，猶謂之追粉。「蠡」，剥蝕也。「追蠡」言禹之鍾款文追起處剥蝕也。趙岐注非。

發棠章

孟子以發棠比之逐虎，虎之爲害，豈在一逐之而遂可已耶？齊之苛政猛於虎，不能使之行仁政，而徒勸之行小惠，是猶虎之害人，徒以一逐爲功矣。方竊自嘆自笑，其尚可再也乎哉！

「則之野」，文理不通。楊升庵有讀法：「卒爲善」句，「士則之」句，「野有衆逐虎」句，與下「其爲士者笑之」前後相映，當從此句豆。

性命章

韓求仲曰：世人期縱欲，則曰性實固然，此直曰「命」，見天原不命人以嗜欲。世人思委棄，則曰命實爲之，此直曰「性」，見天決不限人以昏愚。要引人制欲歸理，同還性命之初而已。子輿二言，原自渾合。

耿楚侗曰：聲、色、臭、味、安佚通於命，則嗜欲莫非天機。仁、義、禮、智、天道盡其性，則天道渾乎人事。

孟子分明以性言性，人便得執「食色，性也」之説，不若以命言性而性之説明；以命言命，人便得執「降材，爾殊」之説，總不若以性言命而命之説著。

「命」字正宜在境通塞上説，方與首節「命」字無兩。晏嬰智矣，而不知仲尼，豈非命也？此注甚合。〔二〕

陳洪範問魏聘名，「聖人之於天道」，如何？答云：如京師人買床帖，却用得着。馬君常曰：到得聖人無如之奈何，方謂之命。命者，理窮於數之謂也。湯武君臣、周公兄弟，可類觀矣。

〔二〕此段後，勾去「徐子卿曰：偶讀艾千子稿『智之於賢者作賢否』，余思只該就賢説，不必添出『否』字。蓋此處非止分别之意，乃俱就人身上引至『性以與善合』耳。你只看父子、君臣、賓主是何物。至説着天道，尤妙絶，與光景境地不同」一段。

照上數句，該説「天道之於聖人」，不知天道虚而無形，只賴聖人做出，如克諧、放伐等事，千聖不一局。然其於天道相湊合處，如針芥相投，是以曰「之於天道」。味一「也」字，已透徹性命關捩。

「知之於賢者」句多不明，女試看試官在簾内取門生，其所得意卷子，真以全副精神注之，及至額數已定，落之孫山，其得意未嘗少減，「命也，有性」於此可想。

「聖人之於天道」，如孔子「五十而知天命，六十而耳順」，恰像有個分限，日復一日，年復一年，孔子只是不放手，可不是命也而又有性焉？

善信章

袁七澤曰：若論本地風光，實泊然其無可欲也，非已可有也，本虚而無所謂實，無所謂光輝也，故必化之而後入聖。「化」者，若冰之融於日，若金之鎔於火。

祝石林曰：善、信、美、大、聖、神有階級，無階級，人信「聖而不可知之」之神，不信百姓日用而不知之神，《易》曰：「利用出入，民咸用之謂之神。」夫善，一神也，誰則信之？能信善之爲神，而後爲有諸己，而後爲信。

歸儒章

不是慈悲心，全是降伏法，如宗、岳禦群盜，距之皆爲吾敵，收之皆爲吾用，其中有擒有放，有恩有威，非大法王不得輕試此手段也。

自爲是卑暗門，愛人是高明門，故有力量。人多先誤入墨子一路，却教他近裏抽身，非楊能勝墨也。

布縷章

《禹貢》：「織縞絲紵，總銍銡服。」自帝王時，三征大備，非起於末世也。用一緩二，良法美意至矣，非孟子之姑以云救也，但其先有分田樹畜諸政，不沾沾靠着催科。今世惟知有征，但使用一緩二，民不德矣。

《讀禮疑圖》：按，織麻曰布，析絲曰縷，帶殼曰粟，脱殼曰米。布縷出於五畝之宅，匹婦所蠶也，其成在夏，故夏征之。粟米出於百畝之田，匹夫所耕也，其成在秋，故秋征之。力役出於同井之家，丁男所賦也，至冬有暇，而始征之。力役有二：其一軍賦，以冬而更番；其一工賦，以冬而應役。徭役則在軍賦之中，顧役則從工賦之便，皆力役之征也。三者之外，更無征焉，而用之又各以其時，亦可以見民之不擾矣。

黄會稽曰：在上者，所用之時，即切所緩之心；在下者，寬一分之用，即受一分之賜。

寶三章

韓求仲曰：提醒世主，全在「寶」字，仁親以爲「寶」，惟善以爲「寶」，每以「寶」字爲世主引經發汗之藥。

盆成章

胡敬齋曰：君子以有才爲幸，小人以無才爲幸。陳眉公曰：「聞得大道，其才自不小。」

上宫章

馮爾賡曰：世間不肖之人，往往借蔭有道之門墻。儒教中爲盜賊逋逃藪久矣，此是實事。

東郭子惠問於子貢曰：「夫子之門何其雜也？」子貢曰：「夫隱括之傍多枉木，良醫之門多疾人，砥礪之傍多頑鈍。夫子修道以俟天下，來者不止，是以雜也。」

仁義章〔一〕

蘇子瞻曰：孟子則以爲聖人之道始於不爲穿窬，而穿窬之惡成於言不言。人未有欲爲穿窬者，雖穿窬亦不欲也。自其不欲爲之心而求之，則穿窬足以爲聖人。可以言而不言，不可以言而言，雖賢人君子有不能免也。因其不能免之過而遂之，則賢人君子有時而爲盜。是二法者，相反而相爲用。

楊復所曰：説至「無受爾汝之實」及「以言餂」、「以不言餂」，則滿世界皆穿窬矣。非孟子精義之學，何以論至此。此陶石簣兢以「去偷心」爲學也。彼漫受禪家五戒而謂盜決不犯者，何足以語此！

〔一〕「仁義章」三字原無，旁批補寫。且勾去「沈無回中二比云：曷反而思曰人有稱我爲君，稱我爲父，而中懷鄙夷不屑之意，是我之受者僞，而人之欲我無受者反真，其爲爾汝也更甚。曷又反而思曰：人即尊我如賢，尊我如聖，而實抱衾含羞之痛，是人之欲我受者固真，而我之受者自僞，其視爾汝也何殊。極説得暢快」一段。

言近章

舊説是兩平。「言近」句是闢楊墨，「守約」句是黜伯功。

性反章

張侗初曰：「德」，以無聲無臭爲主。「性」，體也。「禮」，是未發之中。「哀」，是已發之和。「不回」，是人生之直。「信」，是無妄之真。合之只一性。

查伊璜曰：李漢以文爲貫道之器，斯爲善叙昌黎，因悟中禮一端，「動」字所該極廣，可包舉下三項，悉歸至德。子瞻稱仲尼一生治禮而不暇乎他，正屬此意。○堯舜以前尚未有《禮記》、《周禮》等書，放勳、重華動容自然中禮，豈非性之？

藐視章

家大父曰：古來真正英雄皆從戰戰兢兢中來，彼游説之徒亦有能藐大人而逞其雄者，要只是俠氣所使耳。乃孟子浩然之氣，有卒然遇之，王公失其貴，賁育失其勇者，定自不同也。

陸庸成曰：孔子畏大人，孟子藐大人，畏則不驕，藐則不諂，中道也。

寡欲章

「養心」在「盡心」下一等工夫。道曰：「不見可欲，使心不亂。」釋曰：「心如墻壁，可以入道。」即此寡欲養心之旨。

張元岵曰：嗜欲雜投，心無處所；寡欲養心，所謂水清而魚肥也。

羊棗章

張侗初曰：人子如生如存這點念頭，終身不解，觸物偶動，特借羊棗形出，若計較羊棗膾炙，便認影作真，於不忍源頭何啻千里！

曾子以蒸藜不熟出妻〔一〕，然則曾晳嗜羊棗，而曾母嗜蒸藜也，曾子又當不忍食蒸藜。

曾參耘瓜，誤斬其根，曾晳怒，建大杖擊其背，曾子仆地，有頃乃甦，欣然而起，進於曾晳

〔一〕藜，原作「梨」，據《孔子家語》改。下同。

曰：「嚮也參得罪於大人，大人用力教參，得無疾乎？」退而就房援琴而歌，令曾皙聞之，知其體康也。

反經章

張侗初曰：簡正是狂好處，道本易簡，真率而出，不效世之繁縟瑣屑，所謂「簡而文」也，故曰「斐然成章」。

王陽明曰：不掩其言，固是狂者短處，是亦狂者好處，見其正大光明，全不自家揜護也。

祝石林曰：狂者得聖人之神，狷者得聖人之骨，鄉愿得聖人之皮。衆人以皮相，故原之；聖人以神相，故賊之。

楊復所曰：「其初」兩字，最可玩味。人之本來個個豪傑，個個聖賢，世上多少齷齪下流不長進之事，都是後來增入。今不忘其初，所以能進取也。若一忘其初，便視古人如天上矣，尚敢進而取之乎？

若靠幾個狂狷，嘐嘐踽踽，適遭鄉愿侮慢，濟得甚事？救世君子所以思狂思狷，正要與吾黨共鼓舞庶民。庶民既興，野夫游女皆有志氣骨力，那閹媚風氣如雲霧之消散，何獨一二鄉愿？故曰「斯無邪慝矣」。可知今日奄奄不振，只是世無大力君子。

尋常説「不屑」，咸謂不愜氣耳。若云「屑，潔也」，則「不潔不潔」矣，未是。

道統章

張侗初曰：千古聖人道脉只是一「知」，「知」便徹天徹地，心口不傳而道以傳，特就當世異世分個見聞耳。其實見知不屬面承，聞知不關耳受；面承耳受之知有限，聖人傳心之知無窮。

王陽明曰：「千聖本無心外訣，六經須拂鏡中塵。」又云：「如今指點真頭面，只是良知更莫疑。」得此解者，則雖隔幾千萬歲，猶然若見堯、舜、湯、文、孔子於一堂。堯、舜三傳，聞者一而見者必二。孟子領出微旨，覺單絲孤掌之懼恍然言下。

此孟子一片憂危惕厲之心。蓋既以私淑，而又恐其不得與斯文，道統幾絶也。作自任看者，吾不謂然。

萊朱即仲虺，爲湯左相。蓋薛國之公子，宦游至商。○散宜生，文王四臣之一也。吕尚有勇謀而爲將，散宜生有文德而爲相。

附録

壽王白嶽八十〔一〕

雉巒曾不住頑仙，都是文人抱慧業。紫陽溪水翰墨香，晚年得證長生訣。方曉還丹在典墳，白嶽先生恣饕餮。先生持世八十年，自識之無至耄耋。日夜鑽研故紙堆，筆冢書倉爲窟穴。座前足迹砌皆穿，檐際微明捧卷接。含毫呵凍嚙冰霜，揮汗鈔書沐日月。廣搜直欲逐痴龍，博採有時類魏蝶。廉書千卷積如山，儕輩見之皆吐□。□書無不洞筋骸，牛背眼光如缺列。生金頑鐵入陶冶，一到紅爐同點雪。更能端確似温公，字字楷書敢褻越？立言不朽自千秋，金籙丹書藏柳篋。第恐人言行秘書，後車將到蟠溪碣。

〔一〕詩前有浮簽稱：「《壽王白嶽》詩二紙附書中，觀其字迹亦出張先生手，寶之寶之！按，白嶽先生名雨謙，見《西湖夢尋叙》。」